T0098930

DERNIERS TITRES PARUS

QU'EST-CE QUE LA PENSÉE ?

CHEMINS PHILOSOPHIQUES

Collection dirigée par Magali BESSONE et Roger POUIVET

Pierre STEINER

QU'EST-CE QUE LA PENSÉE ?

PARIS

LIBRAIRIE PHILOSOPHIQUE J. VRIN

6 place de la Sorbonne, V^e

2017

© *Librairie Philosophique J. VRIN*, 2017
Imprimé en France
ISSN 1762-7184
ISBN 978-2-7116-2703-5
www.vrin.fr

INTRODUCTION

QU'APPELLE-T-ON « PENSÉE » ?

Suffit-il de faire attention à ce qui se passe maintenant en nous pour savoir ce qu'est la pensée ? Ce serait supposer que la pensée est un phénomène essentiellement subjectif et intérieur, et décréter que le mot « pensée » dénote *directement* ce phénomène, sans tenir compte de la place qu'il occupe dans nos vocabulaires et, plus largement, dans nos pratiques quotidiennes. Or, que l'introspection ou l'analyse de nos « vécus » de conscience portent sur certains faits nous concernant n'implique nullement qu'ils portent sur la pensée en tant que telle – sauf à faire une pétition de principe qui court-circuiterait le questionnement donnant son titre à cet ouvrage [1].

Ce risque de pétition est aussi présent dans une approche qu'on considère souvent comme opposée à l'approche « introspective » : celle selon laquelle

1. Voir les *Sixièmes objections* aux *Méditations métaphysiques* de Descartes : « Pour être certain que vous pensez, vous devez auparavant savoir quelle est la nature de la pensée (…) ». Descartes répond à cette objection que nous savons ce qu'est la pensée « par une sorte de connaissance intérieure qui précède toujours l'acquise, et qui est naturelle à tous les hommes » (AT, IX, 225). Dans les *Principes de la philosophie* (I, 10), la réponse prend une autre forme : la notion de « pensée » est si simple qu'il est inutile, voire fourvoyant, de la définir.

on ne peut répondre à la question « qu'est-ce que la pensée ? » qu'en décrivant la pensée au travail, en ayant par exemple recours à des techniques d'observation qui vont de l'électroencéphalogramme à la neuro-imagerie contemporaine. Mais c'est là aussi renverser l'ordre du questionnement : pour (prétendre) observer la pensée dans le cerveau, il faut déjà savoir ce qu'est la pensée. Or, l'existence de relations de corrélation systématique ou d'éventuelles relations de nécessitation entre les phénomènes de pensée et l'activité cérébrale n'implique nullement que la pensée soit située dans le cerveau.

Avant même de correspondre (éventuellement) à un phénomène intérieur et subjectif ou à un fait objectivé, le mot « pensée » et les expressions apparentées s'utilisent dans certaines circonstances, et font l'objet d'un apprentissage linguistique ; et il est vraisemblable que cet apprentissage et ces usages précèdent l'acquisition de capacités introspectives et de compétences observationnelles instrumentées. Plongeons donc *in medias res*, en examinant quelques tournures linguistiques au sein desquelles il peut être question de formes ou de phénomènes de pensée *dans leur diversité*[1].

On peut utiliser le concept de « pensée » dans un contexte restreint pour désigner l'œuvre d'un auteur (« la pensée de Spinoza ») ou d'un collectif (« la pensée des empiristes ») et son architectonique, mais aussi un système d'idées et de croyances fondé sur un mode spécifique de rationalité (« la pensée religieuse », « la pensée scientifique », « la pensée moderne » ...). Il ne sera pas ici question de la pensée dans ce sens, propre

---

1. Comme nous y invite par exemple J. Dewey, *How We Think*, Boston, D. C. Heath, 1910, chap. 1.

à des « penseurs », à des systèmes ou à des œuvres. Il convient plutôt de partir de la pensée au sens large, renvoyant à une capacité commune que nous exerçons dans des circonstances ordinaires, et que nous décrivons généralement en mobilisant le verbe « penser ». Considérons les énoncés suivants :

(1) Alfred pense à Bora Bora.

(2) Alfred pense que Bora Bora est belle.

(3) Alfred est en train de penser à la route qu'il convient d'emprunter pour se rendre à Bora Bora.

(4) Alfred pense.

(1) *Alfred pense à Bora Bora.* « Penser » est ici utilisé comme verbe transitif, dans un énoncé qui peut faire référence à un événement précis (« À 9 h ce matin, Alfred pense à Bora Bora »), mais aussi à un état général d'esprit dont les actualisations peuvent être fréquentes ou sporadiques (« Le matin, Alfred pense souvent à Bora Bora »). Qu'il s'agisse d'un événement ou d'un état général, il n'est pas nécessaire qu'Alfred *juge* certaines choses *de* ou *sur* Bora Bora : des souvenirs ou des images peuvent suffire, pouvant être générés par Bora Bora, par une représentation de Bora Bora (photographie, carte, imagination…), ou tout simplement par un état de choses qui fait penser à Bora Bora. Plus simplement encore, nous pouvons attribuer cette pensée à Alfred en observant son comportement. Ces événements ou états de pensée ne sont pas nécessairement sous le contrôle d'Alfred : Alfred peut penser à Bora Bora de manière (pour nous) obsessionnelle, tout comme on peut parfois dire que certains individus *ne pensent qu'à manger*. Dans tous les cas, Alfred pense à une seule chose (Bora Bora), en tant qu'objet de ses pensées, mais il peut en penser

différentes choses dans les jugements qu'il porte sur cet objet, inspirés par ses souvenirs ou par les scènes qu'il imagine.

(2) *Alfred pense que Bora Bora est belle*. « Penser » est ici encore utilisé comme verbe transitif. Mais, à la différence de (1), « penser » est suivi d'un complément propositionnel. (2) peut, tout comme (1), désigner un événement particulier, mais aussi une opinion générale d'Alfred, qui le dispose à juger et à agir d'une certaine manière, et qui peut s'actualiser dans certaines circonstances. En tant qu'événement mental, (2) peut être attribué à Alfred sans que ce dernier énonce un jugement en bonne et due forme : nous attribuons à Alfred la pensée occurrente que Bora Bora est belle pour décrire, comprendre ou anticiper (par exemple) son comportement d'émerveillement devant une photographie de Bora Bora. Mais Alfred peut aussi penser que Bora Bora est belle parce qu'il *juge* que Bora Bora est belle. Dans ce dernier cas, Alfred articule sa pensée au moyen de concepts. Alfred a pu venir à cette pensée à partir d'un raisonnement (exploitant certaines connaissances), mais aussi à partir de son expérience perceptive, d'une intuition, d'un jeu d'associations, ou de ses souvenirs.

Dans ce cas, un épisode ou un état de pensée possède des *conditions de vérité* : un fait, un événement ou un état de choses dans le monde qui rendrait *vrai* le jugement qui l'exprime. Ces conditions de vérité contribuent à définir le *contenu* de la pensée. Ce contenu peut être différent de ce qui a lieu dans le monde : la pensée est alors fausse. À la différence de « savoir que *p* », « penser que *p* » implique une incertitude quant à la vérité de *p* (le contenu de l'attitude de penser), et une prise de risque sur cette vérité (dans la mesure où penser que *p, c'est tenir p pour vrai*) : même si on peut être frappé par une pensée ou avoir des pensées confuses ou obsessionnelles, penser que *p* semble fondamentalement relever d'un engagement ou d'une spontanéité de la part de l'agent. Le contenu d'une pensée n'est pas nécessairement défini par un état *présent* de l'environnement, comme dans le cas d'un événement perceptif ou sensoriel[1]. Les pensées doivent être *détachables* de certaines circonstances spatio-temporelles, ce qui ne signifie pas, nous le verrons, qu'elles puissent être *détachées* de toute circonstance.

On peut aussi parfois appeler « pensée » le contenu même du jugement, si ce contenu est identifié à une proposition saisissable par différents individus (nous avons eu *la même* pensée au même moment). Ainsi, pour Frege[2], la pensée (*Gedanke*) est le sens d'une proposition ; porteuse d'une valeur de vérité, elle est exprimée dans la proposition, sans se confondre avec elle. La pensée n'est alors pas un contenu de conscience, ni un acte mental. Elle est une entité extérieure à l'esprit. Quelle que soit l'interprétation (frégéenne ou non) que l'on en donne, les énoncés (1) et (2) font référence à des événements et des états dits *intentionnels* : un agent entretient une relation avec un état de choses (qui peut être faux, abstrait, inexistant ou absent). Toutefois, on ne peut pas réduire la pensée à ces exemples de type (1) et (2), où « penser » trouverait dans tous les cas son équivalent dans d'autres verbes : croire, juger, considérer, réfléchir, imaginer, faire attention à…

1. Aristote, *De l'âme*, II, 5, 417b23.
2. « La pensée », dans *Écrits logiques et philosophiques*, trad. fr. Cl. Imbert, Paris, Seuil, 1971.

(3) *Alfred est en train de penser à la route qu'il convient d'emprunter pour se rendre à Bora Bora.* La forme de cet énoncé paraît identique à la forme de (1). Mais, tel que nous avons précisé son sens, (1) désigne clairement un événement ou un état d'Alfred, là où (3), en raison de son caractère progressif, fait plutôt référence à un *processus*, voire à une *activité* qu'il est possible d'initier suite à une sollicitation ou à une instruction (« pense à ce que tu fais ! »), d'interrompre et de reprendre (en même temps que d'autres activités), et de clore en aboutissant à un résultat (une décision, une action, un jugement …). Typiquement, (3) peut s'utiliser dans des circonstances où Alfred réfléchit à un problème, fait attention à une situation, ou considère un argument. « Pensée » semble donc ici désigner une activité, qu'on qualifie parfois de « cognitive » : la personne cherche à résoudre un problème ou à accomplir un but en mobilisant, révisant, testant ou produisant des connaissances. Réfléchir, discerner, se souvenir, cogiter, concevoir, comparer, combiner, abstraire, anticiper, associer, organiser, envisager, imaginer, méditer, traduire, analyser, scruter, vérifier, généraliser, inférer, raisonner, ou calculer semblent ici être des variétés de cette activité de pensée. Cette activité mobilise peut-être des contenus *pensés*, mais elle est d'abord individuée par un objet (comme (1)). Si « penser », ici, est un processus cognitif dont le résultat est une action ou une décision, et pas nécessairement une pensée, rien n'interdit de voir ce processus à l'œuvre chez des animaux non-humains. On leur attribue d'ailleurs souvent des « capacités de pensée » pour faire référence à leurs compétences communicationnelles, organisationnelles, calculatoires et numérales, techniques, ou recognitionnelles.

Cependant, si nous la considérons comme une activité, nous pouvons être tentés de faire de la pensée un phénomène strictement intellectuel, ce qui peut avoir deux conséquences fâcheuses : premièrement, limiter la pensée à une activité de réflexion élaborée et visant à produire certains types de discours articulés, voire en faire l'apanage de « penseurs professionnels » dans un contexte académique, et donc considérer que des activités comme le jardinage, le tennis, le bricolage, le chant, ou la conduite d'une voiture ne peuvent pas mobiliser des formes de pensée ; ou deuxièmement, faire de toutes les formes de pensée des formes de pensée symboliques et propositionnelles, effectuées consciemment ou inconsciemment à partir de raisonnements et de calculs, et aboutissant à de nouvelles propositions manifestées dans certaines de leurs conséquences comportementales – la pensée étant alors un processus antérieur à l'action. Mais, même si la pensée n'est pas nécessairement une activité *intellectuelle*, au sens restreint donné ci-dessus, dans quelle mesure renvoie-t-elle à une activité tout court ? Le caractère actif du verbe « penser » signifie-t-il qu'il dénote lui-même une activité spécifique, distincte du reste du comportement observable ? Lorsqu'Alfred est au volant de sa voiture et qu'il pense à la route qu'il convient d'emprunter pour se rendre à Bora Bora, sa pensée doit-elle nécessairement être considérée comme un processus séparé de sa conduite ? La pensée ne peut-elle pas être, ici, une manière d'agir ou de se comporter – tout comme, précédemment, et pour un autre type de pensée, le jugement ou la croyance pouvaient être des manières de penser que p ou à X ?

(4) *Alfred pense.* Cet énoncé peut s'entendre dans au moins deux sens différents. Il peut simplement s'agir,

en premier lieu, d'une forme abrégée de (3) : par son usage, on vise à faire référence à une activité qui occupe actuellement Alfred, et dont on ignore la teneur ou l'objet – parfois en caractérisant cette activité comme étant opaque au sujet lui-même (« Alfred est perdu dans ses pensées »). (4) permet aussi, éventuellement, de contraster l'activité d'Alfred avec d'autres activités : Alfred ne se dépense pas physiquement, il ne participe pas à la discussion ou à la réunion qui a lieu dans la salle où nous nous trouvons en sa compagnie, etc.

Dans un second sens, (4) attribue à Alfred une caractéristique, la pensée, peut-être en estimant qu'il est de l'essence d'Alfred – en tant qu'humain, en tant qu'intellectuel, etc. – d'être une créature pensante, et pas seulement sentante et désirante, comme pourraient l'être d'autres animaux. La pensée devient alors ici un *attribut* – essentiel ou accidentel. Les faits dénotés par (1), (2) et (3) sont alors des *manifestations* de cet attribut, qui nous permettent de reconnaître son existence. Mais on peut aussi se situer dans un registre ontologique : si cet attribut est une disposition, les faits dénotés par (1), (2) et (3) constitueront des *actualisations* de cet attribut. Sinon, on considérera plutôt qu'il est *réalisé* dans ces mêmes faits, n'étant donc *rien de plus* que ces faits.

On peut résumer de la manière suivante les différents sens de « pensée » que nous avons pu dégager jusqu'à présent : la pensée peut être comprise soit comme un événement mental ou son contenu particulier (« avoir des pensées » : énoncés 1 et 2), soit comme un processus ou un acte (que dénote le verbe « penser » : énoncés 3 et 4), soit enfin comme un attribut général (dans une certaine interprétation de l'énoncé 4). Notons bien que la distinction entre « avoir des pensées » et l'activité de penser n'est pas une distinction étanche : les pensées qu'on a peuvent figurer dans des activités de penser, ou en être abstraites. Mais on peut aussi être en train de penser pour savoir ce qu'il convient de penser *de* ou *sur* quelque chose – tout comme le fait de posséder des pensées sur un sujet peut nous dispenser de nous lancer dans certaines activités de pensée. Étymologiquement, une pensée est quelque chose qui a *du poids*; elle témoigne d'un arrêt (provisoire ou définitif) de la pensée.

Ces événements, états, activités ou attributs qui peuvent être désignés par le terme « pensée » ont-ils quelque chose en commun? Doivent-ils avoir quelque chose en commun pour que le concept de pensée et ses usages aient un sens et une pertinence? Pour proposer des voies de réponse à ces questions, il convient d'affiner les distinctions proposées plus haut, mais surtout de mieux définir la nature des éléments distingués. La première partie de l'ouvrage sera donc consacrée à un examen critique de trois stratégies classiques de détermination d'une forme première de (la) pensée. Bien qu'elles recoupent souvent les distinctions proposées plus haut, elles reposent cependant sur des définitions contestables : la pensée comme ensemble de phénomènes mentaux conscients, la pensée comme faculté, ou la pensée comme activité mentale autonome et spécifique. Nous proposerons alors une conception adverbiale de la pensée, pour laquelle l'attribut de pensée et le fait d'avoir des pensées doivent être définis en relation avec des capacités et des manières d'agir ou de se comporter, et pour laquelle la pensée n'est pas une activité purement mentale.

Une telle conception adverbiale conduira donc naturellement à s'interroger, dans une deuxième partie, sur le medium (matériel ou non) de la pensée, ainsi que sur ses véhicules : en effet, s'il ne s'agit pas d'une activité purement mentale, séparable du reste du comportement qu'un individu peut adopter, la pensée peut-elle néanmoins être identifiée à un quelconque processus matériel ou physique ? Et sinon, comment peut-elle s'exprimer dans un comportement observable par tous, et donc être aussi manifestée dans des événements physiques et éventuellement communiquée ? Y a-t-il des véhicules spécifiques de la pensée ?

Dans une troisième partie, nous examinerons plus spécifiquement quelles sont les conditions de possession de la pensée, ainsi que les relations entre pensées, concepts et langage. Enfin, deux textes nous permettront d'approfondir certains aspects de ces questions : un texte d'Arnauld nous permettra de revenir sur la question des rapports entre pensée et représentation, tandis que la lecture d'un texte de Ryle nous amènera à reconsidérer les relations qu'il peut y avoir entre les formes intellectuelles et les formes pratiques de pensée, mais aussi entre la pensée, la rationalité et les normes.

QU'ENGLOBE LA PENSÉE ?

LA PENSÉE, TOUT CE QUI NOUS PASSE PAR LA TÊTE ?

Examinons ici une première tentative de définition de la pensée, soucieuse de situer celle-ci dans un ensemble d'occurrences spécifiques, sans la réduire à un processus de considération attentive d'idées. La pensée serait « tout ce qui nous passe par la tête », ou peut-être encore tout ce que l'esprit éprouve[1]. Pour reprendre la définition de Descartes : « par le nom de *pensée*, je comprends tout ce qui est tellement en nous, que nous en sommes immédiatement connaissants [*immediate conscii simus*]. Ainsi toutes les opérations de la volonté, de l'entendement, de l'imagination et des sens, sont des pensées »[2].

Tout ce qui nous passe par la tête : l'extension du concept de pensée (*cogitatio*) devient à partir de Descartes très libérale, et inclut des événements et des états comme la connaissance, l'affirmation, la conception mais aussi les expériences sensorielles, l'imagination et la volonté. Toutefois, la localisation de ces événements n'est pas suffisante, ni essentielle, pour définir la pensée : d'une part parce qu'il existe des événements cérébraux

1. E. B. de Condillac, *Essai sur l'origine des connaissances humaines* (1798), 3, § 16.
2. R. Descartes, *Secondes réponses* aux *Objections*, AT, IX, 124.

qui ne sont pas des pensées (une décharge neuronale, par exemple); d'autre part parce que, si on adopte le cadre cartésien, l'esprit – dont la pensée est l'attribut principal – n'est pas, à proprement parler, *dans* l'espace, étant donné qu'il n'a pas d'étendue.

Ce qui fait de ces états et événements, pour Descartes, des moments de pensée, c'est le fait qu'ils soient en *nous*, le « en nous » désignant ici une connaissance ou aperception immédiate [1], qui sera progressivement appelée par les post-cartésiens « conscience (psychologique) ». Le cartésien Louis de la Forge fut l'un des premiers, en 1666, à définir la pensée en relation explicite avec la conscience :

> La nature de la pensée consiste dans cette conscience, ce témoignage, et ce sentiment intérieur par lequel l'esprit est averti de tout ce qu'il fait ou qu'il souffre, et généralement de tout ce qui se passe immédiatement en lui, *dans le temps même qu'il agit, ou qu'il souffre* [2].

Pour La Forge, cette conscience n'est nullement le produit d'une opération de réflexion (comme dans l'attention ou le souvenir, par exemple). La conscience immédiate n'est pas un *acte*, mais une *propriété* des phénomènes et des opérations de l'esprit [3] qui se signalent d'eux-mêmes, en quelque sorte, à la présence de l'esprit, c'est-à-dire (dans le cadre cartésien) à *notre* présence. Penser, c'est savoir ou sentir qu'on pense (« je

1. R. Descartes, *Principes de la philosophie*, I, article 9.
2. L. de la Forge, *Traité de l'esprit de l'homme, de ses facultés et fonctions, et de son union avec le corps suivant les principes de René Descartes*, Amsterdam, Abraham Wolfgang, 1666, p. 54. Nous soulignons.
3. Voir B. Baertschi, *Les rapports de l'âme et du corps. Descartes, Diderot et Maine de Biran*, Paris, Vrin, 1992, p. 380.

ne pense pas, que je ne sache que je pense » dira plus tard Arnauld)[1].

En vertu de cette conscience immédiate, l'occurrence d'actes mentaux (actes de volonté, d'entendement, d'imagination, de sensation, …) est indissociable d'un *apparaître* qui est source de certitude : les contenus de pensée pourraient être faux ou porter sur un monde illusoire ; ils sont néanmoins sentis, et cette sensation garantit la présence d'une activité de pensée[2]. Bien que la pensée soit détachable de la présence de faits qui lui correspondent dans le monde, c'est un autre type de présence – une présence à moi-même, pour moi-même – qui définit son existence et ses contenus (réciproquement, pour ce cartésianisme, en s'apercevant qu'on *pense*, on s'aperçoit *soi-même*). Et même s'il questionnera l'idée selon laquelle la conscience immédiate (et donc la pensée) est permanente, ou demeure toujours en nous (c'est-à-dire continuellement), un empiriste comme Locke défendra aussi l'idée que l'essence de la pensée consiste dans la conscience ou dans la perception immédiate de ce qui se passe en nous : il n'est ainsi pas concevable qu'un être pense sans *sentir* ou s'*apercevoir* qu'il pense[3].

Cette approche de la pensée peut être dite *internaliste*, dans au moins trois sens distincts :

– La pensée prend place *en nous* ; elle n'est pas directement accessible à autrui, étant donné que seul le sujet des pensées est en mesure de déployer cette opération d'aperception immédiate portant sur sa pensée. L'internalisme est donc *topologique* : la pensée existe

1. Voir aussi N. Malebranche, *De la recherche de la vérité*, III, 2, 1 (désormais abrégé *RV*).

2. R. Descartes, *Méditations métaphysiques*, II (AT, IX, 23).

3. J. Locke, *Essai sur l'entendement humain* (1689) II, 1, § 10-12.

dans une intériorité subjective (qu'on peut ensuite identifier à une âme, au cerveau, ...) qui est distincte du monde extérieur.

– La connaissance de la pensée relève exclusivement de faits mentaux (le sentir, l'aperception), c'est-à-dire de faits qui ne dépendent pas du monde extérieur (ou de la relation entre le sujet et le monde) pour exister. L'internalisme est donc ici épistémique. Cet internalisme s'accompagne de l'idée que la connaissance qu'un sujet peut avoir de sa pensée ou de ses pensées possède un *privilège* épistémique par rapport aux autres formes de connaissance : elle est plus certaine et évidente (sans être absolument infaillible)[1] ; elle est immédiate (elle ne passe pas par des inférences)[2] ; elle est transparente car elle se niche dans le caractère nécessairement conscient de la pensée pour le sujet (si je pense en t (que p), alors je sais/sens en t que je pense en t (que p)).

– Le sens des états et des événements de pensée est fixé par un ensemble de facteurs internes au penseur (expérience, apparaître, ...) ; il ne relève pas de relations entre ces pensées et le monde extérieur. Si le monde devait changer voire disparaître, mes pensées demeureraient identiques. Leur vérité ou leur fausseté n'affecte pas leur identité[3]. L'internalisme est donc sémantique.

Cette approche de la pensée présente au moins trois insuffisances :

– L'intégration de la perception et de la sensation dans la pensée au moyen de l'aperception peut être interrogée

---

1. R. Descartes, *Principes de la philosophie*, I, 8 et 11, *Méditations métaphysiques*, II (AT, IX, 26).

2. R. Descartes, *Règles pour la direction de l'esprit*, Règle III, et *Méditations métaphysiques, secondes réponses* (AT, IX, 110).

3. R. Descartes, *Discours de la méthode*, quatrième partie.

de deux manières : premièrement, est-il nécessaire d'en faire des événements de pensée ? Leurs origines, leurs dimensions épistémiques et leurs rapports avec l'activité conceptuelle du sujet ne présentent-elles pas une singularité par rapport à d'autres phénomènes de pensée comme le jugement ou le raisonnement ? Deuxièmement – et si on considère que la perception et la sensation sont des parties de la pensée – est-il nécessaire de passer par l'aperception pour les inclure dans la pensée ? N'y a-t-il pas au moins une partie de notre vie sensible et perceptive qui n'est pas l'objet d'une saisie aperceptive ou consciente ?[1] On peut également douter de la pertinence du critère de l'aperception lorsqu'il s'agit de définir d'autres modes de la pensée : dois-je apercevoir, par exemple, mes actes de jugement ou mes croyances pour qu'on puisse les considérer comme de véritables pensées ? Il n'est même pas certain que cette aperception soit suffisante pour qu'il y ait pensée. Apercevoir son délire, est-ce par exemple en faire un moment de pensée ?

– Un autre problème, plus fondamental, concerne le caractère supposément privilégié de la connaissance « en première personne », comme on l'appelle parfois, qui est censé définir la pensée. Premièrement, à l'instar de Peirce[2], on voit mal comment une intuition immédiate pourrait relever d'une forme de connaissance. Pour avoir *connaissance* de mes sensations, de mes intentions, etc. je dois *déjà* connaître beaucoup de choses, étant donné que la dimension épistémique de mes jugements

1. G. W. Leibniz, *Nouveaux essais sur l'entendement humain*, 1765, préface, et *Principes de la nature et de la grâce, fondés en raison*, 1714, paragraphe 4.
2. C. S. Peirce, *Textes anti-cartésiens*, traduction et introduction de J. Chenu, Paris, Aubier, 1984.

introspectifs (et notamment leur caractère justifiable) ne s'élabore qu'à partir de leurs relations inférentielles avec ma connaissance du monde extérieur, elle-même construite à partir de ma maîtrise de concepts et de signes. Deuxièmement, le partisan du cartésianisme (qui ne correspond pas toujours aux positions de Descartes) doit expliquer pourquoi cette connaissance est transparente pour le sujet et épistémiquement plus sûre qu'une connaissance « en troisième personne » : classiquement, on considère que la spécificité de la connaissance de la pensée dérive de la nature même de la pensée, en en faisant un phénomène d'abord et essentiellement subjectif (internalisme ontologique). Wittgenstein[1] a clairement dégagé une conséquence malheureuse de cette voie au moyen de l'exemple suivant : imaginons une communauté dans laquelle chacun des membres possède une boîte contenant ce que nous appellerons un « scarabée » (on peut remplacer « scarabée » par « pensée »). Personne ne peut regarder dans la boîte d'autrui. Chacun dirait qu'il sait ce qu'est un « scarabée » parce qu'il a regardé ce qu'il y avait dans sa propre boîte. Dans ces circonstances, chacun pourrait avoir quelque chose de différent dans sa boîte, voire rien du tout. Ce qu'il y a dans la boîte de chacun ne peut faire partie des conditions en vertu desquelles le concept « scarabée » aurait un sens éventuel dans cette communauté. En réponse à cette critique, on pourrait soutenir que le mot « pensée » dénote un phénomène qui est l'objet d'un accès privilégié pour chaque sujet, et que nous ne pouvons ensuite que *croire* ou *imaginer* (par empathie ou par transposition analogique, par exemple)

---

1. L. Wittgenstein, *Recherches philosophiques*, trad. fr. Dastur et alii., Paris, Gallimard, 2004, § 293 (dorénavant *RP*).

que ce mot dénote la même chose chez autrui – voire *faire comme si* c'était le cas. Mais alors, de deux choses l'une : soit cette opération relève, là aussi, d'un acte de pensée, ce qui signifie qu'elle ne permet pas de dépasser la menace solipsiste[1] ; soit cette opération s'enracine dans des pratiques qui sont collectives et partagées, et il convient alors de voir si on ne peut justement pas trouver dans ces pratiques partagées ce qui permettrait de définir la pensée en faisant l'économie de cette fondation ontologique du principe épistémique de l'accès privilégié (la pensée comme phénomène *en nous*). Wilfrid Sellars a d'ailleurs proposé en 1956, dans son essai classique *Empirisme et philosophie de l'esprit*[2], un récit qui permet de comprendre l'inclusion, dans l'intension du concept de « pensée », de l'accès privilégié et de l'intériorité spatiale, sans épouser le récit cartésien classique (récit pour lequel nous savons ce qu'est une pensée comme épisode interne privé parce que nous disposons tous, *dès le départ*, d'un accès direct et privilégié à *nos* pensées). Par la possibilité qu'elle présente, l'histoire de Sellars montre qu'il n'est pas nécessaire d'expliquer les propriétés épistémiques des pensées en faisant référence à une ontologie spéciale (celle de l'Ego et de la substance pensante) : ces propriétés peuvent être dérivées de pratiques intersubjectives et linguistiques.

1. Cette menace n'est pas dépassée par le partisan du cartésianisme s'il soutient que l'on *perçoit directement* la pensée ou les pensées d'autrui : cette perception reste en effet un acte de pensée. De plus, cette possibilité de perception directe signifie que j'aurais le même type d'accès aux pensées d'autrui qu'à mes propres pensées, ce qui contredit l'internalisme épistémologique (sauf à faire des pensées d'autrui une partie de mon esprit).

2. W. Sellars, *Empirisme et philosophie de l'esprit*, trad. fr. F. Cayla, Combas, Les éditions de l'éclat, 1992, § 56 et § 59.

– Le sens d'un état ou d'un événement de pensée est-il intégralement, voire centralement déterminé par des facteurs internes au penseur ou à la pensée ? Depuis 1966 et les travaux de Keith Donnellan, suivis par ceux de Kripke, Putnam, Burge et bien d'autres, on sait qu'au moins pour certains types d'énoncés et, par extension, de pensées – comme les pensées indexicales (« il est ici ») ou les pensées qui portent sur des espèces naturelles (« eau », « tigre », « aluminium ») –, la référence ne peut être déterminée par les seules propriétés intensionnelles du contenu de la pensée, ni par les propriétés internes de l'individu, qu'il s'agisse de propriétés psychologiques (intentions de signification de l'individu) ou de propriétés physiques. Pour que cette individuation des contenus de pensée soit possible, il est nécessaire de faire référence à l'environnement (qu'il s'agisse de la nature des objets, ou des conventions communautaires et linguistiques qui déterminent la nature d'un objet ou d'une propriété) et au contexte d'occurrence de la pensée. Cet *externalisme* sémantique peut éventuellement être radicalisé en considérant qu'il vaut pour de nombreux types de pensée (voire pour tous les types de pensée). La situation du sujet dans un environnement influence l'identité de *ce à quoi* il pense, et donc l'identité de *ce qu'*il pense. La vérité ou la fausseté d'une pensée ne sont pas des propriétés additionnelles de cette pensée : elles lui sont intrinsèques. Comme elles sont déterminées par la nature de l'environnement, et non par ce que pense le sujet, elles introduisent au cœur même de la pensée une dépendance centrale à l'égard de l'environnement. Si la pensée implique une sorte de « détachabilité » par rapport au monde, ce n'est en aucun cas une *séparation* : voilà ce que nous rappellent les arguments en faveur de l'externalisme sémantique.

Ces trois critiques paraissent suffisamment préoccupantes pour légitimer l'exploration d'autres voies de réponse à la question « qu'englobe la pensée? ». On pourrait ici éventuellement penser qu'une voie de réponse prometteuse se situe dans la phénoménologie husserlienne. Cette dernière s'est notamment construite à partir d'un refus de l'internalisme topologique et du substantialisme cartésien. La pensée est la conscience, mais pas la conscience comme fait, close sur elle-même, et s'épuisant dans des actualités et des contenus psychologiques. C'est la conscience comme ouverture, comme visée intentionnelle d'objets, à partir d'un horizon d'autres visées implicites et d'un être-au-monde incarné (Merleau-Ponty).

Si cette conception phénoménologique de la pensée dépasse éventuellement l'internalisme topologique, elle le fait en radicalisant l'internalisme sémantique qu'on peut déjà trouver chez Descartes, en direction d'un idéalisme transcendantal : seuls les vécus de conscience (mais pas tous les vécus de conscience) peuvent être des événements de pensée, parce qu'eux seuls peuvent être donateurs de sens[1]. Elle partage également – en la radicalisant là aussi davantage – l'idée cartésienne que les épisodes de pensée, en tant que vécus de conscience, sont susceptibles d'être connus de manière spéciale par le sujet qui les vit, de l'intérieur, avec *évidence*[2]. Toute prétention de discours sur la pensée ne pourrait faire l'économie d'une considération de la pensée *telle qu'elle est* pour nous, sujets qui en faisons l'expérience, antérieurement aux régimes de maîtrise et d'usage de

1. E. Husserl, *Logique formelle et logique transcendantale*, trad. fr. S. Bachelard, Paris, P.U.F., 1957, p. 36 (édition originale : 1929).

2. *Ibid.*, § 105-§ 107.

nos concepts de « pensée ». Cette conception de la pensée rencontre les mêmes critiques que les deuxième et troisième critiques adressées plus haut à la conception cartésienne de la pensée.

La voie de réponse que nous allons maintenant examiner prend sa source dans l'idée que la pensée dénote moins un ensemble de phénomènes prenant place en nous qu'un attribut. Elle prend donc également ses distances avec l'actualisme de la réponse que nous venons d'examiner.

LA PENSÉE COMME FACULTÉ

On peut être convaincu de la difficulté qu'il y a à réduire l'attribut de pensée à un ensemble d'*événements* (mentaux), qu'ils soient conscients ou non, et préférer y voir une capacité ou un pouvoir, qui ne s'épuise pas dans ses manifestations. Il existe en effet une distinction logique fondamentale entre une capacité et son exercice. Un pouvoir ou une capacité ne peut pas se réduire à l'ensemble de ses occurrences ou de ses exercices, et ce même s'il est nécessaire de faire référence à ces derniers pour *définir* et *identifier* cette capacité. Or, si elle relève d'un pouvoir ou d'une capacité, la pensée doit-elle nécessairement être une faculté ? Il existe de bonnes raisons de douter de l'opportunité de cette assimilation.

On distingue généralement, dans les facultés de l'esprit, la faculté intellectuelle ou cognitive (qui inclut les pouvoirs de concevoir, de connaître et d'imaginer), et la faculté de la volonté. Ces facultés de l'esprit sont distinctes d'autres facultés naturelles comme la sensibilité, la faculté affective ou la faculté motrice[1]. Si la pensée est

---

1. Voir par exemple T. Hobbes, *De la nature humaine*, I, 1650.

identique à *la* faculté de l'*intellect*, cela signifie qu'elle devrait inclure la croyance, la mémoire, l'imagination, le jugement ou le raisonnement, en tant que sous-facultés. Ce serait peut-être beaucoup lui demander, et il faudrait surtout définir les critères qui permettent d'unifier ces « sous-facultés » sous la bannière de la pensée. Il n'est pas certain non plus que concevoir la pensée comme une sous-faculté au sein de l'*intellect* nous permette d'y voir plus clair : il faudrait alors définir la spécificité de cette sous-faculté par rapport à ces autres fonctions.

Le modèle des facultés nous met donc face à des problèmes d'individuation considérables, dont la raison avait bien été entrevue par Aristote [1] : tant qu'on considère que les facultés sont des *parties* de l'esprit, elles seront potentiellement infinies. On pourra toujours distinguer de nouvelles parties parmi les parties initialement définies. La distinction des facultés ne peut donc pas refléter une pluralité réelle ou matérielle de parties, qu'un discours philosophique ou psychologique pourrait ou devrait adéquatement représenter. Elle ne peut être que logique. Le modèle de la pensée comme faculté identifiable à une structure matérielle est pourtant vivace : il existe une longue tradition, jusqu'à aujourd'hui, qui définit les facultés comme des fonctions ou comme des mécanismes psychologiques, voire comme des organes mentaux. Ces facultés ne sont alors pas des capacités de l'esprit : ce sont des mécanismes causaux qui sous-tendent les capacités de l'esprit, mécanismes individualisables fonctionnellement ou matériellement [2].

---

1. Aristote, *De l'âme*, III, 9.
2. J. Fodor, *La modularité de l'esprit. Essai sur la psychologie des facultés*, trad. fr. A. Gerschenfeld, Paris, Minuit, 1986 (édition originale : 1983).

Cette stratégie risque alors de rencontrer un second problème, déjà abordé par Locke[1] : il existe une tentation très forte de voir les facultés comme des agents distincts dans l'esprit, dotés de pouvoirs d'agir quasi-semblables à ceux des créatures qui les possèdent. Les facultés produiraient des actes comme ceux de vouloir, de réfléchir ou de comprendre. Le modèle des facultés reste toujours sous la menace du sophisme méréologique[2], où l'on attribue à une partie (une faculté) ce qui ne relève en réalité que du tout (l'organisme ou la personne).

Laissons de côté le présupposé selon lequel la pensée comme attribut correspondrait à une réalité substantielle (un ensemble de pensées ou une faculté distincte) et tournons-nous de nouveau vers nos usages du concept de pensée, plus précisément lorsque nous l'attribuons à un individu ou à une espèce. Supposons, nous dit Wittgenstein[3], que je dise à quelqu'un « les êtres humains pensent, mais pas les sauterelles ». Cette personne me demande alors « qu'est-ce *penser ?* ». Je pourrais l'inviter à faire attention à ce qui se passe en elle pour comprendre ce qu'est penser, mais nous avons commencé à entrevoir les impasses de ce type de stratégie. En prêtant attention aux usages du concept de « pensée » (circonstances de son apprentissage, circonstances de son application), nous remarquons un lien important entre ce concept de pensée, utilisé pour signifier un attribut, et la présence de diverses *capacités* et de *formes d'action spécifiques*.

1. J. Locke, *Essai sur l'entendement humain*, Livre II, 21, § 6.
2. Voir Aristote, *De l'âme*, I, 4, 408b 12-15. Voir aussi G. Ryle, *On Thinking*, édité par K. Kolenda, Oxford, Blackwell, 1979, p. 52.
3. L. Wittgenstein, *Remarques sur la philosophie de la psychologie*, II, trad. fr. G. Granel, Mauvezin, TER, 1994, § 22-24 (désormais *RPP2*).

Que fait, ou que doit faire un être humain pour que nous lui attribuions de manière justifiée (aux yeux de nos pairs) la pensée en tant qu'attribut ? Peut-être est-il en train de lire, d'écrire, de parler, de faire preuve de circonspection ou d'attention, d'agir de manière ordonnée, finalisée ou structurée. Mais pas nécessairement. Il nous suffit de l'estimer capable de faire certaines choses. Plus que des actes en eux-mêmes, c'est avant tout la manière dont ces actes peuvent être accomplis qui importe : avec prudence, avec attention, avec originalité, en étant sensible à des valeurs comme la précision, la correction ou la justesse ; ensuite, ce sont les relations qui prennent place entre ces actes, et qui font souvent d'un acte une composante de la réalisation d'un projet plus général, marqué par un souci de coordination ; enfin, c'est le fait que ces actes mobilisent ou présupposent des capacités comme la justification, la révision, l'anticipation, la généralisation...

Notre usage du concept de pensée est très souvent en relation avec la reconnaissance de la présence d'un faisceau de capacités et d'activités, et plus précisément de manières d'agir – dont certaines sont de toute évidence absentes chez les sauterelles. Celles-ci ne parlent pas, ne lisent pas, ne manipulent pas de symboles ; il est également difficile de distinguer chez elles un comportement réflexe d'un comportement attentif. Ces faits comportementaux peuvent suffire, non pas à nier absolument l'existence de pensée chez les sauterelles, mais simplement à comprendre ce que quelqu'un veut dire lorsqu'il contraste la présence de pensée chez l'homme avec son absence chez la sauterelle. L'usage de ce mot « penser » étant présenté, poursuit Wittgenstein, en relation avec un ensemble d'activités et de capacités, une phrase comme

« les êtres humains pensent » véhicule-t-elle encore une information ? Il semble y avoir une relation constitutive entre le fait d'être humain et la possession de l'attribut de pensée : peut-on divorcer la pensée des formes d'action et des formes de vie qui contribuent à la définition de notre humanité ? Les formes d'action et de vie au sein desquelles la pensée se reconnaît ne se limitent pas à une somme de capacités abstraites ou de situations types, comme par exemple la capacité à produire des symboles en réponse à d'autres symboles [1]. Un homme doit faire et pouvoir faire beaucoup de choses pour que nous puissions dire de lui qu'il *pense* [2]. La reconnaissance de l'attribut de pensée semble aller de pair avec la reconnaissance d'un *faisceau* de capacités, et pas d'une capacité précise ou d'une faculté. Précisons ce point.

LA PENSÉE COMME FAISCEAU DE CAPACITÉS

Si on décide d'approcher la pensée à partir des pratiques en vertu desquelles nous attribuons ou reconnaissons sa présence en tant qu'attribut, ses relations avec des capacités et des manières de déployer certaines activités comme le raisonnement, le jugement, la lecture ou le calcul deviennent plus manifestes. À chaque fois, la pensée semble s'exprimer dans ces phénomènes : son attribution peut donc se justifier à partir de ces

---

1. A. Turing, « Les ordinateurs et l'intelligence », trad. fr P. Blanchard, dans A. Turing, J.-Y. Girard, *La Machine de Turing*, Paris, Seuil, 1995, p. 133-175. Voir aussi Wittgenstein, *RP*, *op. cit.*, § 359-360.

2. L. Wittgenstein, *Remarques sur la philosophie de la psychologie*, I, trad. fr. G. Granel, Mauvezin, TER, 1989, § 554-563 (désormais *RPP1*).

phénomènes, pris en tant que *critères*. En donnant un
critère, nous n'exploitons pas une relation empirique
qui aurait été découverte par induction entre deux
phénomènes indépendants, pour justifier la présence de
l'un à partir de la présence de l'autre ; nous exploitons
plutôt une relation interne entre la signification de
l'énoncé (ou du concept utilisé) et le critère invoqué. Un
critère n'est donc pas un symptôme[1]. Certaines actions
ou capacités peuvent constituer un critère de présence
de la pensée comme attribut : cela signifie que la pensée
n'est pas un processus ou un événement qui cause cette
action ou cette capacité, tout en en étant séparé.

Manifestée par et dans ces phénomènes critériels
(activités, capacités, manières d'agir, …), la pensée paraît
en retour pouvoir les unifier et conférer une certaine
épaisseur[2] à chacune des occurrences de ces phénomènes.
Lorsqu'Alfred juge ou effectue un raisonnement, je ne
considère pas ces événements comme des événements
uniques, chanceux ou hasardeux : ils prennent place à
partir d'un ensemble de capacités (langage, justification,
mémoire, …), mais aussi de motifs et de finalités. En
tant qu'attribut, la pensée peut alors être conçue comme
cet entrelacement de capacités qui est présupposé dans
la reconnaissance d'activités intentionnelles (mais pas
nécessairement intellectuelles) ; en ce sens, elle n'est

1. L. Wittgenstein, *Le cahier bleu et le cahier brun*,
trad. fr. G. Durand, Paris, Gallimard, 1965, p. 82.
2. L'*épaisseur* d'un comportement est ce qui lui permet alors d'être
l'objet d'une *description épaisse*, ne réduisant pas à une suite de
mouvements par exemple (il est nécessaire de mentionner les motifs,
intentions, projets, buts, ou finalités à partir desquels le comportement
se déploie). On doit ces concepts de « description épaisse » et de
« comportement épais » à G. Ryle. Voir « Thinking and Reflecting »,
dans ses *Collected Papers*, II, Londres, Hutchinson, 1971.

pas elle-même une activité distincte ou une faculté intentionnelle spécifique.

Pour le dire autrement, et pour se risquer à une première définition allant au-delà de la reconnaissance d'un lien épistémique entre pensée et capacités : comme attribut général d'un individu appartenant à une certaine espèce, la pensée est un *faisceau de capacités*[1]. Aucune de ces capacités n'est la pensée, mais l'exercice de ces capacités à partir de ce faisceau prend la forme de comportements dotés d'une forme spécifique, et qui manifestent ou expriment la pensée, en constituant le critère principal de la justification de sa reconnaissance ou de son attribution.

Précisons cette définition. Un faisceau est plus labile qu'un ensemble : il n'y a pas de condition nécessaire et suffisante pour en faire partie. Ce qui importe, ce sont moins les frontières de ce faisceau que la mise en relation des différentes capacités (et de leurs exercices) dans des actions. Une capacité ne donne pas automatiquement lieu à un effet, même lorsque les circonstances sont réunies pour cela. On *exerce* une capacité, sans que l'exercice d'une capacité soit réalisé dans les structures physiques en vertu desquelles ces capacités sont possédées : la lecture est une capacité dont l'exercice ne se limite pas à l'activation d'aires cérébrales spécifiques. En tant qu'attribut, la pensée se *manifeste* dans l'exercice de certaines capacités, et dans les formes que cet exercice peut prendre.

---

1. L'expression vient d'Anthony Kenny (*The Metaphysics of Mind*, Oxford University Press, 1989) qui parle de *cluster of capacities* pour définir l'esprit (*mind*).

Quelles sont ces capacités ? Leur liste ne saurait être exhaustive : toute capacité à produire une action qui s'effectue en relation avec d'autres actions et capacités, et qui est posée à partir de motifs et d'une sensibilité à un ordre (sémantique, légal, symbolique, social, ...) peut prétendre à l'inclusion dans ce *faisceau*. La présence d'une seule de ces capacités n'implique pas la présence de la pensée (cette dernière consiste en un faisceau). Lire, écrire, dialoguer, apprendre, mémoriser, calculer, jouer, raisonner, délibérer, imaginer, faire attention, (se) justifier, (se) corriger : autant de capacités qui, bien souvent, s'imbriquent et se présupposent mutuellement. Les critères de reconnaissance de ces capacités et de leurs exercices, dans leurs formes authentiques (ni feintes, ni mécaniques) incluent très souvent l'exercice d'autres capacités. C'est cette imbrication qui contribue à conférer aux manifestations de chacune de ces capacités une *épaisseur* et donc une forme bien spécifique. Lire, par exemple, ce n'est pas simplement déplacer ses yeux d'une certaine manière, en pointant éventuellement du doigt des signes et en prononçant à voix basse des sons. C'est être capable de corriger sa lecture, de restituer la teneur de ce qui a été lu, ou de reconnaître un concept à travers diverses occurrences graphiques. Raisonner, ce n'est pas simplement passer d'une proposition à une autre : c'est procéder suivant des règles de raisonnement, mais aussi et surtout être capable de justifier son raisonnement, de le réviser, de discuter la validité du raisonnement d'autrui, etc.

En tant qu'attribut, la pensée ne renvoie donc pas à *une* activité, *une* capacité, *un* pouvoir de faire quelque chose de spécifique (raisonner, juger, calculer). Ce n'est pas non plus une expérience, un processus, ou autre chose qui se trouverait *derrière* ces faisceaux de capacités et les rendrait possibles. Enfin, ce n'est pas une capacité de second ordre : une capacité à déployer *ensemble* des capacités comme le discours, la justification, la lecture, le calcul… Elle consiste bien plutôt en l'articulation en faisceau de ces capacités, et se manifeste dans l'exercice coordonné de ces capacités.

Cette première définition de la pensée (en tant qu'attribut), nous pouvons maintenant essayer de l'étendre à son *actualisation* ou à ses actes, c'est-à-dire à la manifestation de cet attribut dans l'exercice de capacités. Penser *ici et maintenant*, nous l'avons vu dans l'introduction, ce peut être produire ou avoir des pensées, mais ce peut être aussi un processus à l'issue incertaine : dans ce dernier sens, la pensée *en acte* correspond-elle nécessairement à une activité, quand bien même (comme nous venons de le voir) l'attribut de pensée ne correspond pas à une capacité spécifique ?

LA PENSÉE, UNE ACTIVITÉ OU UNE FORME D'ACTIVITÉ ?

Reprenons l'énoncé

(3) Alfred est en train de penser à la route qu'il convient d'emprunter pour se rendre à Bora Bora.

Il est envisageable de le paraphraser comme suit :

(3b) Alfred est en train de réfléchir à la route qu'il convient d'emprunter pour se rendre à Bora Bora.

Dans certaines circonstances, ce que nous appelons « pensée » – c'est-à-dire l'activité de penser – ne semble être rien de plus que l'ensemble des activités cognitives pouvant produire des événements comme des assertions, des jugements ou des décisions. Ce que nous appelons « pensée » ne se réduit cependant pas à ces activités ; ce sont ces activités accomplies *d'une certaine manière*, à partir notamment d'un faisceau de capacités. Calculer, raisonner ou discourir « machinalement », ce ne serait pas penser.

Mais prenons à présent l'énoncé (4) : « Alfred pense ». Nous avions remarqué, d'entrée de jeu, que cet énoncé pouvait parfois être compris comme étant une forme abrégée de (3) : par son usage, on peut faire référence à une activité qui occupe actuellement Alfred, et dont on ignore la teneur ou l'objet. Peut-on aller plus loin, et comprendre (4) comme pouvant signifier qu'Alfred, en ce moment, ne fait rien que penser – sans parler, sans imaginer, sans raisonner, sans délibérer ? Dit autrement, puis-je envisager une activité de pensée qui soit irréductible à d'autres activités (activité de pensée pouvant déjà être présente en (3), ce qui mettrait en échec notre paraphrase) ? Une stratégie d'argumentation possible consiste à soutenir qu'il existe des circonstances où l'activité de pensée est irréductible à de nombreuses activités, car elle les sous-tend ou les accompagne, en rendant compte de leur caractère intelligent ou signifiant. Accomplir l'activité X (lecture, discours, calcul, …) *en pensant* impliquerait alors *deux* processus ou registres d'activité : X d'une part, et la pensée d'autre part.

Cette argumentation débouche sur ce qu'on appelle généralement *mentalisme* : la forme première de la pensée est une activité qui, relevant d'une sphère mentale, sous-tend et accompagne d'autres activités, en les guidant, les orientant ou leur donnant un sens. Il n'est pas nécessaire d'emprunter ici une voie cartésienne pour définir cette activité, en faisant référence à la conscience, au discours intérieur ou à l'expérience vécue : on peut se contenter d'en faire une manipulation d'idées ou de représentations, non-nécessairement consciente. Une version contemporaine très puissante du mentalisme est la théorie computo-représentationnelle de la pensée. Pour cette théorie, penser (juger, raisonner, décider, …) c'est calculer[1]. C'est manipuler des symboles – et plus précisément leurs propriétés formelles –, à partir de règles (règles logiques, règles de raisonnement, …). Le calcul, ici, ne se limite pas au calcul numérique (calcul comptable, calcul arithmétique) : ces opérations peuvent avoir pour objets des idées ou des pensées ; tout ce qui est formalisable peut devenir objet de calcul. Il faut en fait distinguer trois thèses :

(1) La pensée est une activité mentale.

(2) La pensée est une activité mentale spécifique.

(3) La pensée est une activité mentale spécifique qui accompagne d'autres activités et processus mentaux, en les dirigeant, en les contrôlant, ou en leur donnant un sens.

(1) est une thèse relativement inoffensive, si on entend par là que, lorsqu'elle est activité, la pensée se confond ou s'identifie avec des activités ou processus comme le raisonnement, le calcul, la décision ou l'attention – pourvu que ces activités soient dotées d'une forme spécifique, et intégrées à partir d'un faisceau de capacités. On pourrait néanmoins s'interroger sur le sens et la nécessité de l'adjectif « mental » pour qualifier ces activités. « Mental » peut laisser entendre que ces activités ont quelque chose de spécial, ou qu'elles relèvent d'une sphère particulière.

---

1. Voir T. Crane, *The Mechanical Mind*, 2ᵉ éd., Londres, Routledge, 2003.

La thèse (2) consiste à reconnaître – comme (1) – la possibilité que la pensée soit une activité, mais en refusant de rabattre cette activité sur d'autres activités. Mais si la pensée est une activité dans ce sens, elle doit donc être un processus qu'on peut interrompre et reprendre après un certain temps. Or, que pouvons-nous imaginer comme exemples de processus de pensée de ce type qui ne soient pas, d'une manière ou d'une autre, réductibles à d'autres activités, comme la réflexion, l'attention, le raisonnement ou le calcul (pour peu qu'ils soient effectués d'une certaine manière) ? Si la pensée était une activité mentale spécifique, on devrait pouvoir l'isoler d'autres activités – et la voir s'effectuer indépendamment de ces autres activités, dans la mesure où elle remplit une fonction ou un rôle bien particuliers. Il semble donc que cette thèse (2) aboutisse à (3), qui est la thèse mentaliste la plus forte. Elle ne fait pas que reconnaître l'existence de la pensée comme activité mentale spécifique : elle fait de cette activité une activité fondamentale pour la production et le déploiement d'autres activités, événements et états cognitifs.

Si la pensée peut être, dans certaines circonstances, une activité qui accompagne d'autres activités en les ordonnant ou en leur donnant un sens ou une intelligence, elle doit pouvoir en être séparée : cette activité de pensée devrait donc se présenter telle quelle, intacte, palpable, et dénuée de toute relation avec d'autres activités. Corrélativement, son absence devrait manifester une différence dans l'effectuation de ces activités dès lors accomplies sans pensée, différence qu'on ne doit pas pouvoir expliquer en faisant référence à l'absence de facteurs comportementaux et verbaux, ou d'activités cognitives – étant donné que, par principe, cette différence doit résulter uniquement d'une absence de pensée. Prenons un premier exemple : penser sans parler. Wittgenstein propose le test suivant :

> Dis une phrase et pense-la ; dis-la en la comprenant ! Et maintenant, ne la dis pas, contente-toi de faire ce dont tu l'as accompagnée quand tu l'as dite en la comprenant [1].

Que retrouvera-t-on alors, si ce n'est la phrase, mais non prononcée vocalement ? On rencontre la figure classique de la pensée comme discours de l'âme avec elle-même [2]. Mais justement, étant donné qu'il s'agit d'un discours, silencieux certes, mais effectué à partir de concepts linguistiques, cela peut-il réellement s'identifier à ce que le mentalisme entend par pensée ? Ce discours intérieur est-il d'ailleurs suffisant ? (S'il consistait en paroles délirantes, serait-ce encore de la pensée ?) Tout en ne disant rien, je pourrais néanmoins reproduire certains gestes, adopter un certain balancement du corps et une certaine respiration, etc., qui accompagnaient mon discours la première fois. Mais pourquoi cela devrait-il être la pensée ?

Prenons alors le cas inverse : que se passe-t-il lorsqu'Alfred ne *pense pas ce qu'il dit* ? Pour ses inter-locuteurs, cela peut par exemple se traduire par le fait que les propos d'Alfred sont en décalage avec la gravité d'une situation, ou par le caractère contradictoire de son discours avec ce qu'il a pu dire ou faire par le passé, ou avec ce qu'il fait actuellement... L'imprévisibilité ou l'incohérence du discours d'Alfred nous amène alors à voir ce discours comme l'expression d'une insincérité,

---

1. *RP*, § 332 ; voir aussi *Le cahier bleu et le cahier brun, op. cit.*, p. 106-109.

2. Saint Augustin, *La trinité*, XV, x, 17 ; Platon, *Le sophiste*, 263e.

d'une ironie, ou d'une malhonnêteté, et à attribuer à Alfred une pensée qui ne nous serait pas accessible. Mais en temps normal, lorsque le discours d'Alfred s'accorde avec ce qu'il fait, nul ne fait l'hypothèse d'un processus caché qui accompagnerait ses paroles[1]. Il en va de même lorsqu'Alfred *parle sans penser*[2] : Alfred s'exprime confusément, sans précautions ; il est difficile pour ses interlocuteurs de comprendre le sens de son discours. Dans tous les cas, ce qui est éventuellement perçu comme une absence de pensée peut être ramené à des *manières* particulières de parler et d'agir.

Cette description de ce qu'est et de ce que fait l'absence de pensée peut aussi s'appliquer à d'autres circonstances : que se passe-t-il, par exemple, lorsque Jeanne joue un morceau au piano *sans (y) penser* ? Cela peut signifier que Jeanne le joue avec beaucoup d'aisance et de virtuosité, sans faire preuve d'une concentration excessive, comme le ferait un débutant avancé : dans ce cas, nous limitons la pensée à une activité intellectuelle. Mais cela peut aussi signifier que Jeanne le joue mécaniquement, sans avoir l'air inspirée ou passionnée. Dans ce cas, faire X en pensant, ce n'est pas faire X accompagné d'un processus intérieur, c'est accomplir X de façon expressive, en *faisant* souvent plus de choses, conférant une épaisseur au comportement considéré.

Soit, pour prendre un exemple proposé par Wittgenstein, une personne en train de manipuler diverses pièces de bois, qu'elle essaie d'agencer au moyen d'un marteau et de clous, en déterminant le bon

---

1. L. Wittgenstein, *Fiches*, trad. fr. J. -P. Cometti et E. Rigal, Paris, Gallimard, 2008, § 603.

2. *Ibid.*, § 95.

ordre d'agencement des pièces à partir d'un plan qu'elle
consulte[1]. La personne procède par essais et erreurs, en
émettant parfois des sons comme « Hmm », « Haa! »
ou « Tss ». Nous dirons volontiers que cette personne
effectue cette activité *en pensant* : cette qualification
distingue ce processus de construction d'activités
accomplies purement mécaniquement ou aveuglement.
Pourtant, il n'est pas nécessaire de considérer que *la
pensée* est *quelque chose* (un processus, une activité
cachée, une expérience, …) qui *accompagnerait* les
mouvements de la personne, et qui consisterait en mots,
en idées ou en images. Ce n'est même pas souhaitable,
comme nous l'avons vu plus haut. Quels critères nous
permettent de dire que cette personne accomplit cette
activité en pensant? *La manière dont cette personne agit* :
sa circonspection, son attention, ses corrections perma-
nentes de son travail, le caractère finalisé et ordonné de
ses mouvements, et plus généralement les capacités dont
elle dispose ou qu'elle mobilise dans son travail.

Nous arrivons ici à une conception *adverbiale* de la
pensée en acte (actualisation de l'attribut de pensée)[2].
La pensée ne correspond pas fondamentalement à une
activité distincte qu'on rendrait par un verbe, mais à
une manière d'effectuer une action (lire, jouer du piano,

1. L. Wittgenstein, *Fiches*, § 100, et *RPP2*, § 7.
2. On peut retrouver cette conception adverbiale chez Dewey,
Wittgenstein et Ryle. Pour cette conception chez Dewey, voir notamment
notre étude « Délocaliser les phénomènes mentaux : la philosophie de
l'esprit de Dewey », *Revue Internationale de Philosophie*, Vol. 62,
N° 245, 2008, p. 273-292. Pour Ryle, voir surtout l'essai « Adverbial
verbs and verbs of thinking » dans son *On Thinking, op. cit.* Voir
aussi D. Melser, *The Act of Thinking*, Cambridge (MA)-Londres, MIT
Press, 2004, et P. Smith et O. R. Jones, *The Philosophy of Mind. An
Introduction*, Cambridge University Press, 1986, chap. XVI.

parler, scier du bois, jouer au tennis, raisonner, analyser un échantillon d'ADN…). Le fait qu'une créature *pense* n'est pas analogue au fait qu'elle coure ou au fait qu'elle écrive (des activités bien déterminées) : il est plutôt semblable au fait que la créature coure *avec un but*, ou qu'elle écrive *attentivement*[1]. Dans ces circonstances, la créature ne fait pas deux choses distinctes : l'adverbe qualifie son action, qui manifeste ou exprime la présence de pensée.

« Pensée » est donc moins le nom d'une activité que celui d'une forme prise par des activités. Les activités qui manifestent la pensée ne sont pas nécessairement « intellectuelles » : on peut également marcher, couper du bois, chanter, calculer, cuisiner, ou jouer au tennis *en pensant* (tout comme on peut accomplir certaines de ces activités *mécaniquement*). Il suffit pour cela que l'agent effectue l'activité en déployant des capacités comme l'attention, l'auto-correction, la concentration, la circonspection, la monstration, le souci de la précision, l'inspiration (et pas nécessairement l'usage de signes), ce qui fournit de bons critères de reconnaissance de la pensée. Mais il n'est pas non plus question de limiter la pensée à une forme de comportement ponctuel, pour au moins deux raisons. Tout d'abord parce que les manières d'agir qui manifestent la pensée ont une nature dispositionnelle : couper du bois *avec circonspection*, c'est par exemple être capable de réagir à certains événements possibles[2]. Ensuite parce que la présence de la pensée relève aussi des *circonstances* ou des *motifs* à

---

1. L. Wittgenstein, *RPP1*, § 284 et § 661.
2. Voir G. Ryle, *The Concept of Mind*, Londres, Hutchinson, 1949, chap. II.

partir desquels une action se déploie et est décrite [1]. Moins un comportement pourra se réduire à une succession de gestes ou de mouvements, plus on devra le décrire en prenant en compte la maîtrise préalable de capacités par l'agent, ses finalités, ses motivations, une organisation générale, et le souci d'inscrire l'action produite dans un ordre relevant de *formes de vie*, c'est-à-dire de manières normées d'agir propres à des pratiques instituées (langue, commerce, logique, …); et plus ce comportement et les circonstances de son effectuation manifesteront la présence d'une pensée. La pensée n'est pas *derrière* ou *en-dessous* du comportement, ni *en* lui : elle est son effectuation même. Pour décrire l'agent en train de penser, et pour spécifier ce qu'il pense ou ce qu'il fait en pensant, je dois *déborder* la scène de son comportement actuel, non pas en le liant à des causes internes, mais en le décrivant en relation avec d'autres capacités, et le *plonger* dans une histoire et un environnement de pratiques intellectuelles, institutionnelles, symboliques ou tout simplement ritualisées [2].

---

1. G. Ryle, *The Concept of Mind, op. cit.*, p. 19.
2. Je reprends ici une expression de V. Descombes, *Exercices d'humanité. Dialogue avec Philippe de Lara*, Paris, Les Dialogues des petits Platons, 2013, p. 126. Du même auteur, voir aussi et surtout *La denrée mentale* (Paris, Minuit, 1995) et *Les institutions du sens* (Paris, Minuit, 1996).

QUELLE EST LA NATURE DE LA PENSÉE ?

Après avoir ainsi défini la pensée – en tant qu'attribut comme *faisceau de capacités*, puis en acte comme *manière d'agir* –, il peut sembler saugrenu de s'interroger sur sa matérialité ou son immatérialité ; car si ce faisceau de capacités et ces manières d'agir requièrent une base physique pour être acquis, possédés et exercés, peuvent-ils vraiment s'identifier à une occurrence ou à un état matériels particuliers ? Cependant, si on se réfère maintenant aux épisodes ou événements de pensée (comme dans l'énoncé (2) de notre introduction), il devient naturel de s'interroger sur son *medium*, c'est-à-dire sur la nature matérielle (ou non) de ces événements, ainsi que sur ses véhicules, c'est-à-dire la structure des événements qui la supportent : langue publique, langue mentale, images, intuitions, comportement.

ESPRIT ET MATIÈRE : DUALITÉ OU IDENTITÉ ?

Sous forme de thèse philosophique, l'idée selon laquelle l'esprit – et donc la pensée – possède une nature différente de la matière, est connue sous l'appellation de « dualisme ». La différence entre ces deux natures peut être radicale, si la pensée est censée procéder d'un ordre de réalité différent de celui des processus et des opérations matériels étudiés par les sciences physiques.

Cependant, il faut distinguer au moins trois types de dualisme.

Pour le *dualisme des substances*, une même substance ne peut à la fois penser et avoir des propriétés matérielles. Conséquemment, la pensée relève d'une substance qui n'est pas matérielle. Le dualisme cartésien est ici emblématique[1] ; on peut aussi mentionner la théorie platonicienne de l'âme, pour laquelle cette dernière est séparable du corps[2]. Le dualisme des substances peut être justifié par au moins deux arguments : l'argument des différences, et l'argument de la concevabilité. Pour le premier argument, la substance de la pensée est trop différente de la substance matérielle pour y être identifiée. La substance qui pense (et les pensées y afférentes) n'est pas constituée par des points d'espace-temps : elle n'est pas pénétrable et divisible. J'ai, de plus, un accès épistémique certain à ma pensée, mais ce n'est pas le cas de l'étendue[3]. Pour l'argument de la concevabilité[4], le fait que je puisse concevoir ma pensée dans son effectivité indépendamment de la présence d'un corps et d'un environnement suffit pour montrer que cette pensée est d'un ordre différent de celui des processus et événements matériels.

Pour le *dualisme des propriétés*, les propriétés relevant de la pensée sont radicalement distinctes des propriétés matérielles (argument des différences), même si ces deux types de propriétés pourraient être instanciées

---

1. Voir par exemple Descartes, *Principes de la philosophie*, I, 53
2. Voir par exemple Platon, *Phédon*, 64c-66d, *Alcibiade*, 130a-130c.
3. R. Descartes, *Principes de la philosophie*, I, 11
4. R. Descartes, *Méditations métaphysiques*, VI.

par la même substance. On retrouve ce dualisme chez Locke[1].

Le dualisme des propriétés comme le dualisme des substances doivent notamment faire face à l'objection de l'interaction causale : les événements et les occurrences de pensée semblent être causalement liés aux événements et propriétés matériels (corporels, par exemple). Or, comment cette interaction causale serait-elle possible si les propriétés et substances mentales ne pouvaient être (par principe) matérielles ? Cette difficulté n'atteint pas, ou alors dans une moindre mesure, la troisième forme de dualisme, le *dualisme des prédicats*, selon lequel le vocabulaire (c'est-à-dire les noms, les verbes, ...) par lequel nous exprimons, attribuons ou définissons les caractéristiques de la pensée est radicalement distinct du vocabulaire dans lequel figurent et sont définis les concepts nous permettant de décrire et d'expliquer les processus matériels. Le dualisme des prédicats, à lui seul, reste donc compatible avec des positions anti-dualistes, et ne tombe sous les critiques faites au dualisme des substances ou des propriétés que lorsqu'on considère que la distinction radicale entre prédicats psychologiques et prédicats physiques est fondée sur une distinction entre les deux ordres de réalité représentés par ces vocabulaires.

Face aux difficultés du dualisme, on peut soutenir que les événements de pensée sont identiques à des occurrences matérielles parce que, plus fondamentalement, les types de pensée – individués par leurs contenus, par exemple

---

1. J. Locke, *Essai concernant l'entendement humain*, IV, 3, § 6, et la troisième lettre à Stillingfleet (1699).

– sont identiques à des types matériels[1]. Ces théories directement opposées au dualisme sont parfois appelées théories « de l'identité-type ». De manière extrêmement répandue, les défenseurs de la théorie de l'identité entre types mentaux et types physiques considèrent que les types physiques sont des types cérébraux, individués par les sciences contemporaines du cerveau. Le cerveau sécrète la pensée comme le foie sécrète la bile ou les reins produisent l'urine (on retrouve cette analogie chez Cabanis en 1795, et chez Carl Vogt en 1854). Dans cette perspective, la pensée est une fonction biologique dont la réalisation relève d'un organe : le cerveau.

Les théories de l'identité-type sont des théories réductionnistes. Une opération typique de réduction consiste à dériver les comportements et caractéristiques des types A (ici : les types de pensée) à partir d'une théorie des comportements des types B (ici : les types neurologiques), et à traduire les termes des types A dans des termes des types B (« Je pense que Jeanne joue du piano dans le salon » = « mes fibres nerveuses XYZ sont activées »). Les différences entre A et B se voient alors annulées, étant donné que les spécificités de A se ramènent à des propriétés de B. Il convient cependant de distinguer deux types de réduction : la réduction par conservation et la réduction par élimination. Pour les partisans d'une réduction conservatrice, l'existence de A, d'un bout à l'autre de la chaîne, n'est pas remise

---

1. On peut faire remonter cette thèse à l'atomisme de Démocrite. À l'époque moderne, Gassendi et La Mettrie illustrent ce matérialisme. On citera ici, pour notre époque contemporaine, trois textes importants : U. T. Place « Is Consciousness a Brain Process ? » (1956), H. Feigl « The "Mental" and the "Physical" » (1958), et J. Smart « Sensations and Brain Processes » (1959).

en question : A existe, tout en n'étant que B. Ici, même si les pensées ne sont rien d'autre que des événements neurologiques, elles font néanmoins partie de notre ontologie. Pour les partisans d'une réduction par élimination, ultimement, si A est réduit à B, et s'il n'y a plus de différence entre A et B, c'est peut-être parce que A n'a jamais existé (et n'est par exemple qu'une façon de parler). L'existence d'une différence entre A et B est niée parce que, plus fondamentalement, l'existence de l'un des *relata* (A) est niée. Les pensées ne sont rien d'autre que des événements neurologiques : seuls ces derniers existent donc réellement.

Une objection raisonnable aux réductions opérées par les théories de l'identité se trouve dans la notion de réalisabilité multiple : le même type de pensée ne peut-il pas s'instancier dans une variété de types matériels, non restreints à la matière neuronale ? Selon nos critères d'attribution habituels, un opossum ou un martien pourrait très bien posséder des pensées, sans toutefois partager la même structure cérébrale ou la même structure matérielle que nous. Les théories dites de « l'identité-occurrence » échappent à cette objection : pour ces théories, chaque événement de pensée est identique à un événement matériel, mais il n'y a pas de relation d'identité entre le type de pensée et le type matériel auquel appartient l'événement considéré. Cette position est peut-être la position matérialiste la plus minimale : il n'y a pas d'occurrence de pensée sans occurrence matérielle ; on peut même soutenir que les événements mentaux sont nécessairement réalisés par des événements physiques. Mais la relation de contrainte s'arrête là.

Les théories de l'identité-occurrence constituent une première forme de matérialisme non-réductionniste, mais c'est le concept de *survenance* qui offre la variété la plus importante de non-réductionnisme (compatible avec les théories de l'identité-occurrence, sans pourtant les requérir). On parle de survenance du mental sur le physique, lorsque : (1) deux occurrences de deux types mentaux distincts sont nécessairement différentes au niveau de leurs propriétés matérielles (*Pas de différence mentale sans différence physique*) ; (2) deux faits physiques particuliers identiques au niveau des types impliquent deux faits mentaux particuliers également identiques au niveau des types. (En admettant que le mental survient sur le physique, on accepte que deux mondes physiquement identiques sont suffisants pour constituer des mondes mentalement identiques) ; (3) deux faits mentaux peuvent être identiques (c'est-à-dire exemplifier le même type mental) tout en possédant des bases de réalisation matérielles différentes.

La relation de survenance est donc une relation de dépendance asymétrique entre (ici) la pensée et la matière : cette relation est plus forte qu'une relation de corrélation, et plus faible qu'une relation d'identité. La survenance est étroite (ou locale) lorsque les phénomènes physiques considérés concernent la personne ou son cerveau ; elle est globale lorsque ces phénomènes relèvent du monde physique dans son ensemble : dans le premier cas, on considère que des faits physiques individuels identiques s'accompagnent de faits mentaux identiques.

FONCTIONNALISMES ET SURVENANCE

En ce qui concerne le medium de la pensée, une complicité dialectique existe entre le dualisme et les théories de l'identité : les deux positions supposent que si la pensée est spécifique, elle doit nécessairement relever des modifications d'une *substance* (inétendue ou cérébro-matérielle). Le fonctionnalisme propose une voie alternative, pour laquelle la nature des pensées ne relève pas de leur composition (matérielle ou non) mais de leurs rôles, et plus précisément de leurs relations avec d'autres événements et capacités comme la sensation, l'action, ou la volonté. Les propriétés spécifiques des pensées relèvent donc de types *fonctionnels*, parce qu'individués par leurs relations d'antécédence et leurs relations de conséquence avec d'autres types, fonctionnels ou non (comportementaux, perceptifs…).

Pour de nombreuses versions du fonctionnalisme, ces relations sont simplement causales (on parle alors de fonctionnalisme *causal*). Elles ressortent de régularités, qui sont mentionnées dans les généralisations de la psychologie ordinaire, parfois dite « populaire » (*folk psychology*), (« si Paul pense que Marie viendra au bal ce soir, et s'il désire rencontrer Marie ce soir, alors il viendra au bal ce soir »). Le fonctionnalisme causal est généralement solidaire d'une théorie de l'identité-occurrence. Certaines formes de fonctionnalisme, comme chez David Lewis et David Armstrong, peuvent aussi être en continuité avec une théorie de l'identité-type : on identifie alors finalement les événements qui instancient les propriétés fonctionnelles adéquates à des événements matériels d'un certain type. Pour d'autres formes de fonctionnalisme, les états et événements de pensée ne sont pas ultimement identifiés à des objets, événements ou états physiques qui possèdent les propriétés fonctionnelles requises : ils sont identiques à des propriétés fonctionnelles. Il y a une identité des occurrences des types de pensée avec des occurrences physiques, mais les types de pensée demeurent des types fonctionnels. Ce fonctionnalisme non-réductionniste, comme celui de Jerry Fodor, aura de la sympathie pour la thèse de la réalisabilité multiple évoquée plus haut : les types mentaux (et les types de pensée) peuvent se réaliser dans une quasi-infinité de types matériels différents, si bien qu'il est vain de tenter de les définir à partir de leur implémentation matérielle. Il convient de les identifier à un niveau abstrait, constitué par leur nature fonctionnelle ou leur rôle causal.

Pour le fonctionnalisme *normatif*, les relations qui définissent la nature des types de pensée ne sont pas des relations causales qui seraient indépendantes de nos conceptions et de nos critères concernant les conditions de présence de ces types de pensée. Au contraire, ces conceptions et critères définissent des *normes* et *standards* portant sur les relations qu'il devrait y avoir entre types de pensée (et autres types); ce sont ces relations qui définissent ces types de pensée et les conditions de leur production et de possession par un agent. Dit autrement, les conditions en vertu desquelles nous reconnaissons la présence d'un type de pensée se confondent avec la nature de ce type de pensée : des relations fonctionnelles définies par des normes.

Le fonctionnalisme normatif peut trouver l'une de ses sources dans une sémantique des rôles fonctionnels, qui considère que le contenu conceptuel d'un épisode de pensée se définit par les relations inférentielles qui existent entre ce contenu de pensée et les autres contenus. Ces relations relèvent ultimement de normes linguistiques et sociales [1]. Sur cette base, et en présupposant – ce qui n'est pas rien – que les événements de pensée possèdent nécessairement un contenu conceptuel, on peut alors soutenir que quelqu'un ne peut penser p que s'il maîtrise le rôle inférentiel ou fonctionnel de p, en étant par exemple capable de justifier p ou d'en déduire des conséquences. On arrive alors à l'idée que *penser que p*, c'est être capable de faire certaines choses d'une manière telle que cette pensée nous serait attribuée par un interprète éventuel qui considérerait nos dispositions comportementales, y compris inférentielles. Par exemple, la nature de la pensée « cette pomme est rouge » est constituée par les relations qui existent entre cette pensée, des actions et d'autres pensées : ces relations ne relèvent pas de régularités causales ; elles découlent plutôt de *normes*, comme par exemple les règles inférentielles en vertu desquelles le sens de cette pensée survient sur les relations d'implication, de justification et d'exclusion qu'elle entretient avec, respectivement (et non exhaustivement), les pensées « cette pomme n'est pas bleue », « cette pomme est comestible » et « cette pomme est verte », mais aussi des actions comme celle de classer cette pomme comme rouge.

Le fonctionnalisme normatif sur les pensées (et leur possession) est en continuité avec nos définitions préalables de la pensée en tant qu'attribut et en tant qu'acte. Qu'elle soit un faisceau de capacités, une manière d'agir, ou un événement, la pensée ne consiste pas en un

---

1. Voir R. Brandom, *Making It Explicit*, Cambridge (MA), Harvard University Press, 1994.

fait qui précéderait ou qui transcenderait ce que nous faisons et pouvons faire dans certaines circonstances.

Ce qui vient d'être dit sur la pensée à partir du fonctionnalisme normatif ne doit cependant pas être réduit à une simple interprétation comportementaliste (ou « béhaviouriste ») de la pensée. Sous sa forme méthodologique, le comportementalisme reste relativement neutre, et renvoie à un ensemble de procédés d'étude en psychologie. Son objet consiste plutôt à déterminer une méthode appropriée en psychologie qu'à se prononcer sur la nature (matérielle ou non) des pensées. Toutefois, il existe aussi deux formes de réductionnismes comportementalistes (qu'un comportementaliste méthodologique peut refuser toutes deux). Pour le comportementalisme *ontologique*, la pensée est identique à un ensemble de faits ou de dispositions comportementales, qui peuvent inclure le discours. Pour Watson, par exemple, la pensée silencieuse est un discours, mais non-prononcé, qui peut se manifester dans des gestes, dans l'écriture, dans le froncement des sourcils, ou encore dans des mouvements du larynx[1]. Pour le comportementalisme *analytique* (défendu par exemple par Hempel), les énoncés qui mentionnent des faits, états et capacités de pensée peuvent être traduits en énoncés qui ne portent que sur des faits et dispositions comportementales observables. Le comportementaliste ontologique est plutôt favorable à une élimination des concepts et catégories mentales ; le comportementaliste analytique se satisfait de leur réduction à des phénomènes comportementaux.

---

1. J. Watson, « Psychology as the behaviorist views it », *Psychological Review*, 20, 1913, p. 174.

Selon la conception que nous avons défendue jusqu'à présent dans cette section, la pensée – comprise ici comme un ensemble d'événements ou d'épisodes de jugement, de réflexion, de considération de contenus – survient sur le comportement et sur nos dispositions comportementales (inférentielles, épistémiques, ...). La survenance, rappelons-le, n'est pas une relation d'identité. Mais, surtout, s'il doit être question de comportement et de dispositions comportementales ici, c'est à chaque fois en tant qu'enchâssés dans des formes de vie, impliquant des pratiques sociales partagées et normées, à partir desquelles il peut être question de comportements *corrects* ou *appropriés*[1]. Les propriétés de pensée qualifient des comportements et un ordre d'agir dont les *personnes* – dans le cas des agents humains – sont les éléments fondamentaux : être une personne, ici, est une propriété relationnelle, c'est-à-dire plus précisément dépendante de l'inclusion active dans une communauté de pratiques normatives[2]. Rien *dans* une personne – qu'il s'agisse d'une structure, d'une faculté, ou d'un ensemble d'événements – ne réalise la présence ou la possession de pensées.

1. Voir J. McDowell, « Naturalism in the philosophy of mind » dans son *The Engaged Intellect. Philosophical Essays*, Harvard University Press, 2009.
2. Voir W. Sellars, « La philosophie et l'image scientifique de l'homme » (1962), trad. fr. dans D. Fisette, P. Poirier (textes réunis par), *Philosophie de l'esprit. Psychologie du sens commun et sciences de l'esprit*, Paris, Vrin, 2002, p. 55-115.

LES VÉHICULES DE LA PENSÉE

En complément de notre interrogation sur le support ou *medium* des pensées, il convient maintenant de nous interroger sur le format des *véhicules* éventuels des pensées. Qu'est-ce qu'un véhicule? Classiquement, c'est une structure matérielle qui supporte, qui réalise ou qui s'identifie à un épisode ou à un état de pensée, en possédant (*en véhiculant*) un contenu, généralement le contenu (ou une partie du contenu) de l'épisode ou de l'état de pensée[1]. La question des véhicules se pose pour les pensées, mais aussi très classiquement dans la littérature philosophique pour la (supposée) activité de pensée : pensons-nous, par exemple, en mots ou en images? Nous avons soutenu plus haut qu'il n'existait pas d'activité spécifique de pensée. Il ne saurait donc y avoir, pour nous, de véhicules propres à la pensée. Et il n'est même pas certain que la pensée ait besoin de véhicules – quels qu'ils soient – pour exister. Mais il est cependant très instructif d'examiner les réponses classiques proposées par ceux qui supposent que la pensée est une activité spécifique, et qu'elle doit ainsi posséder des véhicules appropriés. La même stratégie s'appliquera pour la question des véhicules des pensées : les pensées, avons-nous écrit, ne sont pas véhiculées par des structures matérielles dotées d'un contenu, mais sont réalisées par des *personnes* exerçant notamment des capacités inférentielles appropriées. Mais il est également utile de considérer les présupposés de ceux

---

1. Voir R. Millikan, « Content and vehicle », *in* N. Eilan, R. McCarthy, B. Brewer (éds.), *Spatial Representation*, Oxford, Blackwell, 1993, p. 256-268, et S. Hurley, « Vehicles, contents, conceptual structure, and externalism », *Analysis*, vol. 58, n.° 1, 1998, 1-6.

qui soutiennent que les pensées ont des véhicules. Dans les deux cas, ces présupposés épousent la thèse du représentationnalisme.

Les véhicules peuvent être distingués par leurs *formats*. Ceux qui possèdent un format analogique sont des véhicules dont la structure entretient des relations d'isomorphisme structural avec l'objet visé par le contenu, ce qui permet au véhicule d'exemplifier des propriétés de l'objet. Continues et non pas discrètes, ces relations d'isomorphisme peuvent varier en intensité. La ressemblance n'est qu'un cas particulier d'isomorphisme : une image n'entretient pas les mêmes rapports d'isomorphisme avec un fait qu'un modèle, qu'un tableau, qu'une carte ou qu'un graphe. Les véhicules possédant un format non-analogique (souvent appelé « symbolique » ou « digital », qui ne sont pourtant aucunement des synonymes !) sont des véhicules dont la structure n'entretient aucune relation de ressemblance avec leurs référents. Leur structure et leur caractère discret leur permettent cependant d'être aisément combinés avec d'autres véhicules symboliques, permettant de former des véhicules complexes, dont le sens est fonction du sens des parties et de leurs relations. Une phrase est un exemple typique de véhicule symbolique.

On doit aussi faire la distinction entre les théories internalistes, pour lesquelles la pensée survient, est réalisée par, voire est identique à un ensemble de faits, d'événements et de processus intra-crâniens (les véhicules sont donc exclusivement internes) et les théories « externalistes » (même si cette appellation peut être fourvoyante), pour lesquelles la base de survenance ou de réalisation de la pensée peut inclure, à côté de nécessaires faits intracrâniens, des faits et processus comportementaux et environnementaux. Ces deux types d'approches – internalistes et externalistes – doivent faire un choix parmi les options suivantes concernant la nature des véhicules de la pensée :

– Les véhicules de la pensée sont exclusivement des véhicules de format symbolique ;

– Les véhicules de la pensée sont exclusivement des véhicules de format analogique ;

– Les véhicules de la pensée sont de format symbolique et de format analogique.

Cela donne lieu à au moins six positions possibles. Nous n'allons pas toutes les examiner ici ; nous nous contenterons d'évoquer les orientations principales.

La thèse symbolique et internaliste la plus notable est la thèse du *langage de la pensée*. Trouvant certaines de ses sources chez Guillaume d'Occam, elle a été ravivée avec force par le philosophe et psychologue Jerry Fodor à partir des années 1970. Selon cette thèse, les véhicules de la pensée sont des phrases, qui surviennent sur des configurations neuronales ou plus généralement matérielles : ces véhicules possèdent une structure compositionnelle (une syntaxe), qui relève d'un langage, le langage de la pensée (ou « mentalais »). La production d'une pensée complexe implique la production des constituants de cette pensée, qui peuvent se combiner pour former d'autres pensées [1]. Le mentalais n'est un langage qu'en ce qu'il possède (au travers de ses expressions) des propriétés combinatoires et structurelles. Les expressions de ce langage n'ont pas à être comprises ou interprétées pour avoir une signification (au contraire

---

1. J. Fodor, *Psychosemantics*, Cambridge (MA)-Londres, MIT Press, 1987, p. 136.

des expressions du langage naturel, dont l'apprentissage est justement rendu possible par le langage de la pensée); le système cognitif possède ce langage de manière innée. Le mentalais dénote surtout les *capacités structurelles de la pensée*, au travers de ses véhicules, et non pas une propriété des *contenus* de pensée.

La thèse du langage de la pensée est une variante (non-nécessaire) du computationnalisme symbolique, peut-être la plus connue. Elle rend en tout cas l'hypothèse computationnaliste plus plausible : les opérations computationnelles de la pensée ont pour objet des représentations mentales, mais seulement les propriétés formelles/syntaxiques de ces dernières. Elle rend également concevable l'attribution d'attitudes propositionnelles à des animaux ou à des enfants, et permettrait aussi d'expliquer mécaniquement la systématicité et la productivité combinatoire de la pensée, ainsi que l'origine de l'apprentissage des concepts [1].

Pour contrecarrer la thèse symbolique, on peut minimalement soutenir que les véhicules de la pensée ne sont pas nécessairement des symboles, dans le sens restreint précisé ci-dessus. Des véhicules analogiques comme des images, des modèles [2], ou des cartes, relevant éventuellement de différentes modalités sensorielles, seraient par exemple mobilisés dans des tâches comme le raisonnement spatial ou la mémoire de travail. D'Aristote à Simondon, en passant par Goethe, Bergson et Bachelard, il existe aussi une longue tradition – hétérogène – qui fait

1. J. Fodor, *The Language of Thought*, New York, Cromwell, 1975, p. 30-44.
2. Voir par exemple K. Craik, *The Nature of Explanation*, Cambridge University Press, 1943, et Ph. Johnson-Laird, *Mental Models*, Harvard University Press, 1983.

de l'image une médiation fondamentale dans l'activité de pensée et sa constitution, voire le principe originaire de la vie de la pensée[1]. Sans pour autant nécessairement confondre pensée et imagination, l'image accomplit ou prépare alors notamment les fonctions conceptuelles, les fonctions judicatives ou encore le raisonnement. Pour un auteur comme Peirce, le pluralisme des véhicules de la pensée n'est pas seulement un fait : il relève plus fondamentalement d'une *nécessité*. L'iconicité, pour Peirce, est notamment présente à tous les niveaux de la pensée déductive. Les icônes sont en mesure d'exhiber des nécessités et des implications spécifiques[2], ce que ne peuvent pas faire les indices et les symboles.

Le partisan de l'existence des véhicules analogiques doit faire face à plusieurs types de critiques de la part du partisan de l'exclusivité des véhicules symboliques. Il faut distinguer entre, d'une part, les critiques qui remettent en question l'usage de véhicules analogiques pour certaines tâches (pensées sur des faits abstraits, négatifs, hypothétiques, …) sans pour autant en rejeter l'usage dans d'autres contextes, et d'autre part, les critiques qui remettent en question l'existence même des véhicules analogiques[3]. Partisans des symboles mentaux et défenseurs de la réalité de l'imagerie mentale

1. Voir J. -J. Wunenburger, *Philosophie des images*, Paris, P.U.F., 1997, chap. 5.
2. Voir Cl. Tiercelin, *La pensée-signe. Études sur C. S. Peirce*, Nîmes, J. Chambon, 1993, p. 245-251.
3. Voir R. Shepard, J. Metzler, « Mental rotation of three-dimensional objects », *Science*, 171, 1971, 701-703, pour une expérience classique suggérant l'existence d'« images mentales ». Voir aussi S. Kosslyn, W. Thompson, G. Ganis, *The Case for Mental Imagery*, Oxford University Press, 2006.

partagent toutefois un présupposé important : il existerait des véhicules intracrâniens de la pensée ou des pensées, c'est-à-dire des structures physiques qui encodent un contenu (peu importe le format du codage), structures très souvent appelées « représentations mentales ».

Le représentationnalisme est pourtant critiquable à partir de plusieurs arguments, dont on peut qualifier certains d'épistémologiques par opposition à un autre, ontologique, même si ces arguments peuvent se supporter mutuellement. Un premier argument épistémologique est qu'il n'est peut-être pas *nécessaire* de faire l'hypothèse de l'existence de représentations mentales pour expliquer les compétences et activités de pensée des êtres pensants : les dynamiques d'interaction entre un être et son environnement, leurs dimensions habituelles, et l'usage de structures externes comme des symboles et des outils peuvent hériter d'un statut explicatif fondamental, et rendre superflues les explications représentationnalistes dans de nombreux cas, voire dans tous[1]. Un deuxième argument épistémologique, plus classique, consiste à soutenir qu'il y a toujours une relation de sous-détermination entre les constructions déployées par une théorie pour expliquer un ensemble de phénomènes, et la réalité étudiée elle-même. Un succès explicatif et/ou prédictif à partir d'un modèle qui suppose l'existence de symboles mentaux ou d'images mentales n'implique pas que ces constructions figurant dans le modèle correspondent à quelque chose de réel qui posséderait les propriétés décrites par les définitions de ces constructions. Ce second argument rejette donc (seulement) les versions

---

1. Voir D. Hutto, E. Myin, *Radicalizing Enactivism. Basic Minds without Content*, Cambridge (MA)-Londres, MIT Press, 2013.

réalistes de représentationnalisme, tout en acceptant son efficacité théorique [1].

Selon l'argument ontologique, l'hypothèse représentationnaliste est fausse (et pas simplement d'une utilité hypothétique ou purement heuristique) : le concept de « représentation mentale » (et ses diverses variantes, dont les concepts de « symbole mental » et de « véhicules analogiques ») ne réfère à rien. Aucun phénomène ou événement naturel n'est capable d'exhiber par lui-même des propriétés sémantiques, ou tout simplement des propriétés qu'on retrouve dans les systèmes publics de production et d'usage de représentations. Ou, en tout cas : si les représentations mentales ont effectivement des usagers, un sens, et des propriétés matérielles et fonctionnelles, force est de constater que ces caractéristiques sont très différentes, au niveau de leurs origines et de leurs modes d'implémentation, des caractéristiques des représentations que nous manipulons, si bien qu'il est fourvoyant de parler de *représentations* mentales. S'il est incongru de parler d'*images* mentales, étant donné qu'il n'y a pas d'œil de l'esprit, d'écran de télévision ou de conventions représentationnelles dans le cerveau, et qu'on voit mal comment ces images pourraient être colorées ou agrandies, il en va de même pour les symboles mentaux : une suite de symboles est partageable et critiquable dans des pratiques institutionnelles à partir desquelles elle acquiert un sens : comment des structures intracrâniennes et sub-personnelles pourraient-elles abriter de telles pratiques [2] ?

1. Voir D. Dennett, *La stratégie de l'interprète*, trad. fr. P. Engel, Paris, Gallimard, 1990.
2. Voir P. Steiner, « The bounds of representation », *Pragmatics and Cognition* 18 (2), 2010, 235-272.

Le critique ontologique du représentationnalisme peut aussi opportunément mentionner l'échec reconnu des entreprises de naturalisation des propriétés sémantiques des véhicules intracrâniens. Ces véhicules sont supposés posséder un *contenu*, dont l'origine ne doit pas dépendre de l'existence de pratiques intentionnelles, comme des pratiques linguistiques. On a longtemps cru pouvoir définir les conditions d'occurrence des contenus mentaux à partir des relations informationnelles, isomorphiques, téléologiques ou fonctionnelles existant entre leurs véhicules et des états de choses environnementaux, mais cette stratégie s'est heurtée à des obstacles considérables[1]. Certains considèrent aujourd'hui que cet échec d'un projet inauguré il y a plus de 30 ans est le symptôme d'un problème bien plus fondamental : il n'y a pas de contenu mental, et donc pas de véhicules qui supportent ou encodent ce contenu[2].

Cela n'implique pas qu'il n'y ait pas de contenus mentaux comme contenus de pensée : ces contenus peuvent être ceux qui nous sont ou nous seraient attribués par des interprètes de nos comportements, ou les contenus qui figurent dans les phrases que nous produisons ou sommes disposés à produire pour exprimer nos jugements ou justifier nos actions. Le réaliste représentationnaliste rétorquera que la possibilité même de la causalité mentale requiert l'existence de contenus mentaux véhiculés par des structures intracrâniennes. Mais c'est ici supposer que ce qu'on appelle causalité mentale (nos pensées nous font agir) doit être réalisée ou localisée dans des opérations

---

1. Voir E. Pacherie, *Naturaliser l'intentionnalité. Essai de philosophie de la psychologie*, Paris, P.U.F., 1993.
2. Voir par exemple D. Hutto, E. Myin, *Radicalizing Enactivism*, *op. cit.*

intracrâniennes. Là aussi, trois décennies de débats ont montré qu'il était peut-être illusoire de considérer qu'un physicalisme bien compris était accueillant par rapport à cette idée de causalité *mentale*[1].

Si la pensée s'actualise en tant que *forme* du comportement, ou consiste en un *faisceau* de capacités, et si les pensées sont des épisodes propres à des personnes disposées à effectuer des inférences pour justifier et clarifier ce qu'elles pensent, est-il nécessaire de considérer que la pensée et les pensées ont besoin de véhicules ? « Penser » n'est pas un verbe autonome comme peuvent l'être « écrire » ou « manger » : dans ces deux cas, il est intelligible de dire qu'ils sont réalisés par la manipulation d'une plume, ou la mastication et la déglutition, etc. De même, le raisonnement, le calcul, ou la mémorisation sont des *activités* dont il est plausible de dire qu'elles peuvent être réalisées par la manipulation de structures environnementales et de symboles. Mais ces activités ne sont pas nécessairement des variétés ou des formes de pensée (étant donné qu'elles peuvent se produire sans qu'il y ait pensée, lorsqu'elles sont par exemple accomplies « mécaniquement » ou « automatiquement »). Au contraire : la pensée peut se manifester dans ces activités, pourvu qu'elles empruntent certaines formes. Mais cela n'implique aucunement que la pensée soit alors réalisée dans les véhicules de ces activités. La pensée, pour être manifestée ou actualisée, requiert des capacités ou des activités, mais comme un adverbe a besoin d'un verbe, qu'il qualifie : pour prendre son petit-déjeuner *rapidement*, il est nécessaire de prendre

1. Voir J. Kim, *L'esprit dans un monde physique. Essai sur la causalité mentale*, trad. fr. F. Athané, E. Guinet, Paris, Syllepse, 2006.

son petit-déjeuner, mais il n'y a pas de sens à faire de l'activité de prendre son petit-déjeuner le *véhicule* d'une rapidité qui serait séparable de cette activité[1].

Ce refus de l'existence de véhicules *de la pensée* ne fait pas de la pensée quelque chose d'évanescent ou d'éthéré. La pensée n'a pas de véhicule ou de lieu comme peuvent l'avoir des activités, mais elle est manifestée dans les formes que prennent ou que peuvent prendre ces activités. On ne pense pas *en* mots ou *en* images, car il n'y a pas de véhicules de la pensée. Si on pense *avec* des mots ou *avec* des images, cela ne signifie pas que la pensée soit un processus séparé des opérations de manipulation de mots ou d'images qui peuvent constituer le raisonnement ou le calcul : cela signifie seulement que la pensée se manifeste dans ces opérations de manipulation de signes, effectuées d'une certaine manière. Ce qu'on appelle ou ce qu'on éprouve *comme* pensée « en mots » ou « en images » ne doit pas nécessairement être compris comme impliquant la production ou la saisie d'images ou de mots intérieurs. La perception ou la production de mots ou d'images externes, ou des dispositions à produire, à reconnaître, ou à classifier des images ou des mots dans des activités comme le raisonnement, le calcul ou la réflexion peuvent suffire pour définir ces appellations ou ces expériences[2].

1. G. Ryle, « Thinking and reflecting », *Collected Papers*, II, *op. cit.*, p. 470.
2. Voir N. Goodman, C. Elgin, *Reconceptions en philosophie et dans d'autres arts*, trad. fr. J. -P. Cometti, R. Pouivet, Paris, P.U.F., 1994, p. 93.

QUELLES SONT LES CONDITIONS
DE POSSESSION DE LA PENSÉE ?

La pensée, écrivait Hume[1], est une forme de liberté : elle peut se détacher de l'*hic et nunc*, des limites de la réalité empirique et de la nature, et elle peut également s'affranchir de certains interdits et de l'autorité. La pensée connaît néanmoins des limites, aussi bien intérieures (il y a des *pensées* que je ne peux pas comprendre, même si je peux les identifier) qu'extérieures (certains faits sont inconcevables et n'appartiennent donc pas au domaine du pensable). Si Hume s'intéressait surtout à la *composition* de la pensée, à ses origines empiriques et sensorielles, d'autres ont pu chercher à définir les conditions causales de sa possibilité, et donc certaines de ses limites, à partir d'une spéculation sur sa nature matérielle ou sur son *medium*. Y a-t-il des conditions ou des phénomènes dont la présence serait nécessaire, voire suffisante, pour qu'on puisse dire qu'un être possède l'attribut de pensée, ou l'exerce en ayant des pensées, ou en agissant d'une certaine manière ? Nous avons commencé cet ouvrage en remettant en question l'évidence apparente que la conscience constituerait une propriété fondamentale de la pensée. Si la présence à la conscience ne semble ni nécessaire ni suffisante pour

1. Hume, *Enquête sur l'entendement humain*, 1748, section II.

qu'un être soit reconnu comme pensant, qu'en est-il de
la possession d'un cerveau ? La présence d'un cerveau ne
paraît pas suffisante pour qu'il y ait pensée : il faut encore
que ce cerveau soit enchâssé dans un corps biologique,
nourri par un flux d'énergie, pour qu'il participe à la
pensée de l'organisme. Mais cette présence du cerveau
est-elle même une condition nécessaire de la pensée ? Ne
puis-je pas par exemple imaginer des créatures dont le
comportement et les formes de vie seraient suffisamment
sophistiqués pour que des capacités de pensée leur soient
attribuées, même si elles n'ont pas de cerveau, ou même
si nous ne savons pas si elles ont un cerveau[1] ? Il en va
de même de *nos* propres comportements et capacités :
si le jour de la mort d'Alfred, nous ouvrons son crâne
et ne voyons que du sable, cela devrait-il nous amener
à remettre en question le fait qu'il était une créature
pensante ?

Examinons en détail deux autres réponses possibles
pour lesquelles, respectivement, l'usage de concepts
et la maîtrise d'une langue sont constitutifs de la
pensée comme attribut et/ou de ses formes principales
d'exercice. Nous considérerons plus loin, avec Ryle, les
rapports entre pensée, rationalité et normativité.

LA PENSÉE ET LES CONCEPTS

Les concepts, lit-on souvent, sont les constituants
des pensées[2]. Plus fondamentalement, penser, ce
serait déployer des concepts, exemplairement dans

1. L. Wittgenstein, *RPPI*, § 1063.
2. Voir par exemple J. Fodor, *Concepts. Where Cognitive Science
Went Wrong*, Oxford University Press, 1998, p. 25.

le jugement[1]. Il serait donc nécessaire de disposer de concepts pour penser et produire des pensées. Mais il faut veiller à ne pas réduire la pensée à un ensemble d'attitudes propositionnelles, ou à une capacité à avoir des pensées. Il y a au moins deux questions à distinguer :

– Peut-il y avoir des épisodes de pensée qui présentent un contenu qui n'est pas conceptuel ?

– Un individu peut-il posséder l'attribut de pensée sans maîtriser de concepts ?

On pourrait penser que pour essayer de répondre à ces questions, il faut d'abord préciser ce qui est entendu par *contenu non-conceptuel*, par *concepts*, et par *maîtriser des concepts*. Les définitions de ces termes se recoupent : cela pourrait laisser penser que cette étape de clarification préalable sera brève. Il n'en est évidemment rien : il existe des débats nourris sur les définitions de ces termes[2]. Mais il n'est pas certain que les diverses réponses pouvant être apportées (et mutuellement confrontées) aux deux questions ci-dessus correspondent point par point aux diverses théories des concepts présentes sur le marché. Par exemple, une théorie représentationnaliste[3] et une théorie inférentialiste[4] des concepts vont proposer des

---

1. Une référence centrale est ici E. Kant. Voir *Critique de la raison pure*, A68/B93.

2. Voir Cl. Panaccio, *Qu'est-ce qu'un concept ?*, Paris, Vrin, 2011.

3. Pour les représentationnalistes, l'occurrence d'un concept est une représentation mentale particulière. De quel type de représentation peut-il s'agir ? Des débats prennent place entre représentationnalistes : il peut s'agir d'images, de modèles, de symboles dans un langage de la pensée, ou encore de prototypes.

4. Pour une version de l'inférentialisme, un concept est une règle qui définit le rôle inférentiel (dans le raisonnement, mais aussi en rapport avec la perception et avec l'action) d'un terme. Pour une autre version, les concepts sont des capacités, car posséder un concept, c'est

points de vue très différents sur la nature, le format et les conditions d'acquisition et de possession des concepts, mais pourront s'accorder pour refuser l'existence de contenus de pensée non-conceptuels.

PEUT-IL Y AVOIR DES ÉPISODES DE PENSÉE QUI PRÉSENTENT UN CONTENU QUI N'EST PAS CONCEPTUEL ?

Quels sont les cas qui permettraient de répondre positivement à la question ? Examinons une première voie de réponse : il existerait des contenus de pensée non-conceptuels car, par exemple, certains animaux non-humains entretiennent des rapports cognitifs (orientation, reconnaissance, identification, anticipation, …) avec des événements du monde sans mobiliser de concepts *linguistiques*. Cette réponse identifie le conceptuel au linguistique, et soutient que des créatures non dotées d'un langage peuvent néanmoins avoir des contenus de pensée.

Il y a alors au moins deux stratégies générales et très différentes – voire antagonistes – pour critiquer cette voie de réponse :

– Admettre que ces créatures ont des pensées (même si ces dernières ne prennent pas la forme de jugements), et soutenir que leurs contenus de pensée sont déjà des contenus conceptuels, en proposant des conditions de possession et de présence des concepts qui ne mentionnent pas la maîtrise d'une langue : par exemple, pour posséder le concept C, il est nécessaire et suffisant d'identifier ou de reconnaître des exemplaires de C. *Les animaux*

être capable de faire certaines choses – reconnaissance, discrimination, raisonnement, …

maîtrisent en réalité des concepts, et c'est pour cette
raison que leurs contenus de pensée sont conceptuels.

– Soutenir que ces créatures, du moins dans les
circonstances à partir desquelles elles sont considérées,
ne peuvent avoir des contenus de pensée, et donc qu'elles
ne pensent pas. On peut défendre cette stratégie à partir
d'une théorie qui soutient que toute pensée s'articule
nécessairement à partir de concepts et qui fixe des
conditions exigeantes pour la possession de concepts,
excluant ces créatures dénuées de langage de la classe
des créatures douées de concepts. Les conditions de
possession de concepts peuvent être des conditions
inférentielles : pour posséder le concept C, il est
nécessaire et suffisant de déployer inférentiellement C,
en relation avec d'autres concepts, mais aussi avec des
circonstances perceptives et des conséquences motrices
– à chaque fois en fonction de règles inférentielles,
qui constituent d'ailleurs la signification de C. Il n'est
pas nécessaire, pour cela, d'identifier les concepts à
des concepts linguistiques : les capacités réflexives ou
inférentielles qui sont nécessaires voire suffisantes pour
la maîtrise d'un concept requièrent la maîtrise d'une
langue ; le comportement linguistique est aussi souvent
un bon critère qui permet de juger si un agent maîtrise
un concept, mais cela n'implique pas que les concepts
ont une nature essentiellement linguistique, ou sont des
entités linguistiques [1]. Un concept peut être une règle, dont
la maîtrise par un agent accompagne sa possession d'un
ensemble de capacités (reconnaissance, catégorisation,

---

1. Voir sur ce point les arguments de J. McDowell, « Conceptual
capacities in perception », dans son *Having the World in View*,
Cambridge (MA)-Londres, Harvard University Press, 2009, p. 135.

raisonnement, inférences logico-linguistiques...) qui, en retour, attestent de la maîtrise du concept. Dans ce cadre, *les créatures dénuées de langage ne maîtrisent pas de concepts, et c'est pour cela qu'elles n'ont pas de contenus de pensée.*

Ces deux voies de réponse qui remettent en question l'existence de contenus de pensée non-conceptuels estiment qu'il est nécessaire de posséder des concepts pour produire des pensées. Elles divergeront sur la définition des conditions de possession de concepts. Cependant, aucune voie n'est tenue de soutenir que l'occurrence ou le déploiement de concepts est suffisante pour qu'il y ait pensée. La question des relations entre pensée(s) et expérience perceptive est par exemple une question ouverte, avec plusieurs réponses possibles, dont les suivantes :

Une expérience perceptive n'est pas un événement de pensée lorsqu'elle possède un contenu non-conceptuel (par exemple lorsque le sujet de l'expérience ne possède pas ou n'exerce pas les concepts qui permettraient de caractériser le contenu de son expérience). La présence de contenus conceptuels est alors nécessaire (voire suffisante) pour qu'il y ait pensée (comme événement ou comme occurrence).

Aucune expérience perceptive ne peut être un événement de pensée, même si toute expérience percep-tive est nécessairement conceptuellement articulée (sans être pour autant une forme de jugement). La présence de concepts n'est alors pas suffisante pour définir l'occurrence d'une pensée. La différence entre perception et pensée relève alors par exemple de la relation entre le sujet et le contenu perçu ou pensé. Le jugement mobiliserait un engagement de l'agent vis-à-vis de ses contenus ; la perception irait encore de pair avec une passivité cognitive vis-à-vis de contenus néanmoins conceptuels (le monde se *présente* à l'agent *comme étant tel ou tel* ; ce n'est pas l'agent qui *pense* (et donc accepte) que le monde est tel ou tel)[1]. Le fait que les pensées mobilisent des *engagements* n'est pas à confondre avec les principes suivant lesquels la pensée comme attribut est un faisceau de capacités, actualisé dans des formes d'action (théorie adverbiale).

Toute expérience perceptive est un événement de pensée, car elle est expérience et donc conscience. Cette thèse s'inscrit plus généralement dans la conception cartésienne examinée, et rejetée, au début de l'ouvrage.

D'aucuns pourraient considérer que la question principale n'est pas de savoir s'il peut y avoir des épisodes de pensée avec un contenu non-conceptuel, mais plutôt de se prononcer sur l'existence de *formes de pensée* non-conceptuelles. On risque ici de retrouver le modèle de la pensée comme processus ou comme activité (pouvant inclure, sans s'y réduire, des épisodes de pensée), déployée à partir de *véhicules*. Examinons néanmoins cette voie de réponse.

L'*intuition* (exemplifiée par des images, des impressions ou des percepts) a souvent été vue comme une voie permettant au penseur de « suivre les ondulations du réel » comme le dit Bergson[2], et d'être en contact avec le mouvement, le particulier, le changement, ou la vie de l'esprit. Il ne s'agit pas de n'importe quel

---

1. Voir J. McDowell, *Mind and World*, Cambridge (MA)-Londres, Harvard University Press, 1994.

2. H. Bergson, *La pensée et le mouvant*, Paris, P.U.F., 1938, p. 26.

type d'intuition évidemment : ce n'est pas une intuition intellectuelle ou connaissante (comme peut l'être la *noêsis* platonicienne)[1] ; c'est une intuition radicalement distincte du concept car elle porte sur des singularités qui ne sont pas susceptibles d'être capturées par la généralité du concept (qu'on réduira souvent à une abstraction déterminée par l'entendement, la langue ou le sens commun).

Dans un autre cadre, on distingue aussi souvent deux niveaux ou deux types de pensée : d'un côté, une pensée conceptuelle, prédicative et propositionnelle, et de l'autre côté une pensée pré-conceptuelle ou non-conceptuelle, non-linguistique, intuitive, pratique, qui serait *pensée* parce qu'elle ne se limiterait pas à la sensation ou à la réception mécanique d'informations. Elle prendrait par exemple la forme d'un engagement dans l'environnement, déployé à partir d'habiletés, d'habitudes et de savoir-faire, de compétences acculturées, de créativité... On retrouverait cette pensée à l'œuvre chez l'animal, mais aussi chez le menuisier, le joueur de tennis, ou le conducteur d'une voiture[2].

Le partisan de la pensée comme nécessairement conceptuelle, sans identifier le conceptuel au linguistique, peut toutefois très bien accepter que l'intuition puisse être le point de départ, ou le *telos* de toute pensée, ou encore une exigence pour que la pensée devienne connaissance[3]. Il peut aussi inclure dans la pensée une composante expérientielle, motrice, sensible, qualitative ou vécue, ou bien exiger que tous les concepts soient acquis ou

1. *République*, VI, 509d-511e.
2. Voir par exemple H. Dreyfus, « Overcoming the myth of the mental », *Topoi* 25 (1-2), 2006, 43-49.
3. E. Kant, *Critique de la raison pure*, 2ᵉ édition, § 22.

définis en relation avec des intuitions sensibles ou des événements moteurs. Dans tous les cas, cela n'implique pas que la pensée soit une forme d'intuition (voire de sensibilité ou d'expérience), ou que les contenus des pensées soient des intuitions ou des formes d'intuition. Le partisan de la pensée non-conceptuelle souhaite, quant à lui, aller plus loin : il veut faire de l'intuition le matériau ou le véhicule de la pensée (et pas seulement une composante de son milieu), en estimant que cette intuition ne met pas en jeu, pour être *eue* et *déployée* en tant que pensée, des capacités conceptuelles. Il y a alors des chances pour que cette proposition repose sur une définition trop restreinte du concept, l'assimilant trop naïvement à l'intellectuel, au prédicatif ou au linguistique. La dimension nécessairement conceptuelle de la pensée n'implique pas qu'elle soit nécessairement de nature linguistique, ou que la pensée soit exclusivement conceptuelle.

S'il y a une pensée non-conceptuelle, il faut dire ce qui la compose positivement. On peut penser à des images, mais il faut alors montrer pourquoi l'image n'est pas le concept, sans caricaturer ce dernier. L'intuition ne suffit pas, puisqu'il peut y avoir des intuitions comme les intuitions intellectuelles qui sont conceptuellement informées ou déployées. Même en acceptant l'idée que la pensée soit un processus qui accompagne l'action ou le discours, une autre objection surgit : *penser* par intuition ou par image, cela n'implique-t-il pas déjà des capacités d'*identification*, voire de *reconnaissance* de ce qui est intuitionné ou fait, ce qui pourrait déjà présupposer la présence de capacités conceptuelles, et donc la production de concepts, éventuellement neufs, mais néanmoins jamais purement singuliers (car *en principe* applicables à d'autres situations)? Si, en réponse à cette objection, on soutient que chaque intuition est incommensurable (et pas seulement irréductible) avec le domaine conceptuel en raison de sa singularité ou de son caractère inexprimable, on voit mal en quoi elle pourrait alors constituer une forme ou un contenu de *pensée* (et pas, tout simplement, un événement sensoriel). La généralité de la pensée[1] n'est-elle pas inséparable de la généralité du concept (ce qui n'implique pas que la pensée et le concept soient *exhaustifs* dans leurs approches respectives du réel)? À vouloir légitimement (mais aussi hâtivement) rompre avec l'idée que la pensée est une *représentation*, on tombe alors dans l'excès inverse : on la confond tout simplement avec ce dont elle est la pensée. La pensée doit-elle se faire inexprimable, indéfinie ou irréductiblement singulière et rompre avec l'ordre du concept (qui n'est pas nécessairement *représentation*) pour porter sur l'inexprimable, l'indéfini ou l'irréductiblement singulier? De plus, le partisan de l'existence d'une pensée non-conceptuelle qui évoluerait à même l'intuition sensible doit distinguer la sensibilité « pensante » d'un être humain d'une simple réceptivité informationnelle. Il faut alors voir si les critères de distinction qu'il proposera ne sont pas *in fine* des critères qui présupposent une sensibilité conceptuelle chez ce même être.

---

1. « Une pensée, dit Frege, contient toujours quelque chose qui va au-delà du cas particulier ; c'est au moyen de ce quelque chose qu'elle présente ce cas particulier à la conscience comme tombant sous une généralité donnée » (*17 Kernsätze zur Logik*, 4 (1882) ; trad. fr. dans G. Frege, *Écrits posthumes*, éd. par C. Tiercelin et Ph. de Rouilhan, Nîmes, Jacqueline Chambon, 1999).

Selon la théorie adverbiale défendue plus haut, pour que le calcul du mathématicien, le jeu du tennisman ou l'habileté du menuisier soient des comportements qui manifestent la pensée, ils doivent présenter une certaine épaisseur, en se déployant à partir de circonspection, de capacités d'attention, de révision et, donc, d'une manière ou d'une autre, à partir d'une sensibilité à des règles d'action et à des valeurs (le geste *juste*, l'argument *correct* par exemple). Les circonstances ou la manière à partir desquelles les activités qui manifestent la pensée sont effectuées semblent requérir l'usage de concepts, si du moins on comprend ces derniers comme des règles, qui définissent ce qui peut et doit être fait dans une activité (linguistique ou non). Si on ne souhaite pas identifier cette sensibilité à une sensibilité conceptuelle, on peut au minimum soutenir que cette sensibilité va de pair avec une réflexivité qui est préalablement requise pour maîtriser des concepts. Dans ce dernier sens, même s'il peut y avoir des formes de pensée ne s'exerçant pas à partir de concepts, ces formes de pensée requièrent des capacités conceptuelles.

Abordons enfin la deuxième question : un être peut-il posséder l'attribut de pensée sans maîtriser de concepts ? Dans le cas des êtres humains, la reconnaissance de l'attribut de pensée passe par la reconnaissance préalable de critères. Le fait que nous évoluons dans un milieu linguistique et d'institutions joue un rôle important dans la détermination de ces critères et donc des attendus que nous avons par rapport à la présence de cet attribut de pensée. Si un être ne peut, dans ces milieux, maîtriser de concepts, et s'avère incapable de faire certaines choses (faire des inférences, corriger les activités d'autrui en référence à des règles), cela peut signifier qu'il ne dispose pas des capacités réflexives requises pour produire un comportement exemplifiant de manière appropriée la pensée. Dans ce sens, dans le cas des formes de vie humaines, il est difficile d'envisager la présence d'un attribut de pensée en l'absence de capacités conceptuelles. Dans le cas des animaux non-humains, on peut cependant reconnaître dans certaines circonstances la présence d'un faisceau de capacités suffisant pour qu'il y ait pensée (voire des activités accomplies *en pensant*), alors même que ces créatures ne maîtrisent pas de concepts et ne sont pas en mesure de produire des épisodes de pensée. Dit autrement, la maîtrise des concepts est exigeante, et nécessaire pour qu'il y ait des pensées, mais elle n'est pas nécessaire (mais suffisante) pour qu'il y ait pensée comme attribut et activité de pensée lorsque nous avons affaire à des créatures qui n'évoluent pas dans un milieu linguistique. À nouveau, cela n'implique pas que les concepts ou que la pensée soient des phénomènes strictement linguistiques. La section suivante aidera à nous en convaincre.

LA PENSÉE ET LE LANGAGE

La question de la nature des rapports (*détermination* ou *influence* dans un sens ou dans l'autre, *co-détermination, indépendance* mutuelle) entre la pensée et la langue est une vieille question, qui continue de susciter des débats passionnés, mais pas toujours passionnants, étant donné que ces débats font souvent l'économie d'une définition précise de la pensée et du langage dont il est question.

Nos pensées et nos énoncés ont des propriétés sémantiques : ils portent sur quelque chose. Ils peuvent être vrais ou faux. Leur sens est notamment fonction de l'articulation de leurs constituants. Nous identifions souvent les pensées en identifiant leur expression linguistique : ces constats ont pu suffire pour que certains philosophes proposent des relations d'identité entre la pensée et le discours. Ainsi, la pensée (*dianoia*), pour Platon, est un dialogue intérieur et muet de l'âme avec elle-même[1]. Mais cette réduction de la pensée à un processus linguistique est plus que discutable : je peux facilement imaginer des circonstances où un discours intérieur ou un soliloque ne suffirait pas à constituer l'occurrence de la pensée (délire, récitation d'une formule incantatoire qu'on ne comprend pas), et des circonstances dans lesquelles il ne paraît pas nécessaire de discourir ou de se parler pour qu'il y ait présence de pensée[2] (le musicien ou le menuisier au travail). Cette relation de sous-détermination entre les mots et la pensée vaut aussi pour les relations entre les images et la pensée[3].

Avant d'aborder d'autres possibilités de relation, il convient de dissiper une ambiguïté concernant le terme « langage ». Parfois, *langage* est contrasté avec *langue* ; parfois les sens de ces deux termes se confondent. Une langue est un *système* supra-individuel de signes, qui inclut un ensemble de règles de construction et d'interprétation qui déterminent l'emploi des sons, des formes et des moyens d'expression syntaxiques et lexicaux. Une langue est un système de communication particulier, caractérisé par sa puissance combinatoire et ses dimensions récursives. On parle ainsi de la langue française, de la langue allemande, qui sont des langues

---

1. Platon, *Théétète*, 189e ; *Sophiste*, 263e.
2. G. Ryle, « Thought and soliloquy », in *On Thinking, op. cit.*
3. G. Ryle, « Thought and imagination », in *On Thinking, op. cit.*

naturelles. Mais on peut aussi parler de langues ou de langages *artificiels*, élaborés afin de répondre à des fins très précises (calcul, représentation, raisonnement, …), ce qui n'est pas le cas des langues naturelles.

Dans un premier sens, « langage » peut être un synonyme de « langue ». Dans un second sens, le langage peut être vu comme une capacité (parfois même comme une faculté innée, relevant d'un organe biologique) : une capacité à s'exprimer, qui se manifeste par la maîtrise d'une ou de plusieurs langues, mais qui peut exister et persister indépendamment de l'apprentissage d'une langue particulière. Nous prendrons ici « langue » et « langage » comme des synonymes, dénotant un système supra-individuel, partagé et hérité, de signes. Plus précisément, « langue » et « langage » (et « linguistique ») désigneront à chaque fois une langue naturelle.

Les rapports entre pensée et langue naturelle peuvent être envisagés à partir d'au moins quatre perspectives :

1) La fonction principale du langage est d'exprimer ou de communiquer la pensée, qui peut lui préexister ou exister de manière autonome (chez les animaux, chez les enfants, sous forme de pensée visuelle), voire être ce qui donne vie à la langue (compréhension des productions linguistiques). Pour le mentalisme, par exemple, la fonction première de la langue est d'exprimer la pensée qui lui préexiste, sous forme d'idées, d'intentions, d'expériences ou de représentations non-linguistiques (le phénomène du « mot sur le bout de la langue » est supposé manifester vivement et clairement cette relation d'antécédence, tout comme l'expérience de « ne pas trouver les mots adéquats pour exprimer *ce que nous voulons dire* »). Comprendre une phrase (et pouvoir

alors communiquer), c'est saisir l'état mental (l'intention de communication) qui a présidé à sa production. Pour le mentalisme de Locke, par exemple, les mots ne sont signifiants qu'en étant des signes de signes plus fondamentaux : les idées [1].

Si la pensée est définie comme une activité ou comme un processus mental présent dans la résolution de problèmes, dans le calcul, dans le raisonnement, etc., on peut facilement constater son existence et son déploiement chez des créatures qui ne maîtrisent pas de langue. Il en va de même si on la voit comme une activité autonome, dirigeant ou gouvernant le raisonnement ou le calcul : la présence de ces opérations suffirait pour attester de sa présence chez des créatures non-linguistiques. Mais on peut aussi, comme Descartes, exploiter l'indépendance de la pensée par rapport au langage et la thèse de la fondation du langage sur la pensée pour soutenir que la maîtrise d'une langue est un symptôme ou un signe de la pensée. C'est pour cette raison que Descartes refusait d'accorder l'attribut de pensée aux bêtes [2]. Bref, le mentalisme concernant la pensée et ses rapports avec la langue peut aboutir à des conclusions contradictoires concernant la possession de l'attribut de pensée (ou la présence d'une activité de pensée) chez les créatures non-linguistiques.

2) Le langage est le milieu constitutif de la pensée (ou de certains types et formes de pensée) : il est nécessaire, voire suffisant, de maîtriser une langue pour pouvoir penser, ou du moins pour pouvoir exercer ou

---

1. J. Locke, *Essai sur l'entendement humain*, Livre III, chapitre II.
2. Lettre à H. More, 5 février 1649, AT, V, 278 ; *Discours de la méthode*, Cinquième partie.

produire certains types de pensées (réflexives, abstraites, théoriques). Des alliances sont ainsi possibles entre (1) et (2) : on peut par exemple soutenir que la mise en langue de pensées (pouvant préexister à cette expression linguistique) rend de nouvelles formes de pensée(s) possibles. On peut aussi soutenir que (2) exprime une relation de constitution entre *certaines* pensées et la langue. Il est par exemple difficile d'envisager comment une créature non-linguistique serait en mesure d'avoir des pensées ou des intentions de communication sur les *neutrinos* ou sur *Madame Bovary*.

(2) peut néanmoins être défendu sans adhérer à (1), de différentes manières : on peut se contenter d'insister sur le rôle constitutif du langage pour l'acquisition et le développement de capacités comme l'imagination, le contrôle, ou la réflexivité (capacités dont on identifie alors l'exercice à la pensée). L'acquisition d'une langue élargit le registre des capacités cognitives et intellectuelles d'un individu, et peut même contribuer centralement à l'avènement de nouvelles capacités réflexives, comme des psychologues soviétiques tels que Vygotsky l'ont suggéré dans les années 1930. On peut aussi, plus fondamentalement, fonder la capacité de la pensée à s'émanciper du *hic et nunc* sur la propriété de *déplacement* inhérente aux signes linguistiques. Par l'usage de signes écrits, soulignait par exemple Frege, nous exploitons le sensible pour nous en détacher [1] : nous sommes alors capables d'abstraction et de réflexivité, mais aussi de faire référence à des faits absents ou possibles, et de raisonner à leur sujet. La maîtrise et

---

1. G. Frege, « Que la science justifie le recours à l'idéographie », dans *Ecrits logiques et philosophiques, op. cit.*, p. 63.

l'usage d'une langue publique et de systèmes d'écriture nous offrent la possibilité de mémoriser, de partager et de considérer épistémiquement de nombreuses données – par des sons, des inscriptions écrites, ou des traditions orales. Les outils logiques et méta-linguistiques comme les connecteurs, les conditionnels, ou les quantificateurs, nous permettent également de mettre systématiquement en forme nos pensées et nos raisonnements. Enfin, le discours intérieur (« se parler à soi-même ») joue un rôle important dans le contrôle de soi, mais aussi la mémorisation [1].

De manière plus ambitieuse et impérialiste, on peut aussi soutenir que le langage est le milieu constitutif non seulement de certaines formes et capacités de pensée, ainsi que de leur développement, mais aussi et surtout de tous les contenus de pensée. *C'est dans les mots que nous pensons*, ce qui implique notamment que l'ineffable est la pensée « à l'état de fermentation » [2]. On peut alors souligner, comme nous l'avons vu plus haut, les nombreux parallèles ou les nombreux reflets sémantiques et structuraux qui existent entre les pensées et la langue, pour aboutir éventuellement à une identification de la pensée au discours. Le relativisme linguistique (la langue que l'on parle influence la manière dont on pense), et la thèse du déterminisme linguistique (la langue que l'on parle détermine les modes de conceptualisation) sont

1. Voir P. Carruthers, « The cognitive functions of language », *Behavioral and Brain Sciences*, 25, 2002, p. 657-719.
2. G. W. F. Hegel, *Encyclopédie des sciences philosophiques. Philosophie de l'esprit*, trad. fr. A. Vera, Paris, Alcan, add. § 462. Voir aussi le texte classique d'E. Benveniste « Catégories de pensée et catégories de langue » dans ses *Problèmes de linguistique générale I*, Paris, Gallimard, 1966, chap. 6.

parfois respectivement associés à ces deux formes – minimales et ambitieuses – de la thèse suivant laquelle la langue est le véhicule de la pensée ou de certains types de pensées.

Il existe de nombreuses oppositions entre (1) et (2), surtout entre les versions de ces théories qui se situent dans le registre des conditions nécessaires et suffisantes, et qui font un usage de quantificateurs universels. Mais il y a aussi des points communs. (1) et (2) partagent souvent l'idée que lorsqu'un individu pense, quelque chose en lui se produit à partir de véhicules – qu'ils relèvent d'une langue naturelle, d'un langage de la pensée, d'images, … Mais on peut aussi penser que ce qui se produit *en nous* lorsque nous pensons est sûrement une condition causalement nécessaire pour qu'il y ait pensée, mais qui ne saurait s'identifier à la pensée ou à son véhicule.

3) Le mentalisme fait de la langue un instrument d'expression ou de transmission de la pensée, qui peut donc lui préexister. La thèse (2) fait de la langue un outil constitutif, voire une condition de réalisation de la pensée. Or on peut aussi soutenir, contre (1), que la langue ne possède pas cette fonction d'expression parce que, contre (2), la langue est un obstacle pour le développement et l'expression de la pensée. Nous ne pensons pas grâce au langage, nous n'exprimons pas nos pensées grâce au langage : nous pensons *en dépit* du langage, car le langage fait obstacle à la pensée, en raison de sa généralité, de son abstraction ou de sa rigidité[1]. L'ineffable serait essentiel à la pensée, qui se

---

1. Voir H. Bergson, *Essai sur les données immédiates de la conscience*, Paris, P.U.F., 1927, p. 124, et *La pensée et le mouvant*, *op. cit.*

dénaturerait lorsqu'elle serait mise en mots. Idéalement, la pensée devrait pouvoir s'affranchir du langage, ce qui signifie qu'elle peut en être séparée (comme le suppose aussi (1)). Cette thèse est très souvent solidaire de la thèse de l'existence de contenus de pensée non-conceptuels présentée plus haut.

4) Il n'y a pas de pensée sans inclusion active d'une créature dans une communauté linguistique. Cette thèse peut être vue comme exprimant une condition causalement nécessaire pour la thèse (2). On constate qu'il y a coïncidence entre la spécificité de la pensée humaine (complexité, richesse, modalités) et la nature linguistique de l'humanité, et on explique ensuite cette coïncidence par une relation de causalité : c'est la langue qui fait de la pensée humaine quelque chose de spécifique. Toutefois, sans passer par (2), on peut aussi accepter et valoriser cette coïncidence sans proposer une relation de causalité entre langue et pensée : il pourrait y avoir un facteur tiers (caractère social ou culturel de nos formes de vie, par exemple) rendant compte de cette coïncidence. Et on peut aussi défendre (4) pour des raisons purement conceptuelles et critérielles, en refusant (1) et (2), et leur présupposé commun : l'idée que la pensée devrait avoir des véhicules qui lui sont propres. (4) peut alors affirmer que des créatures non-incluses dans une communauté linguistique ne sont pas en mesure de penser ou d'avoir des pensées. Un argument épistémologique peut par exemple suffire : les pensées sont individuées par leurs contenus ; une spécification linguistique de ces contenus est la seule manière de les individuer ; d'une créature qui ne maîtrise pas de langue, on ne saurait donc dire ce qu'elle pense, et donc si elle pense. Certains y verront un argument vérificationniste, qui passe d'une conclusion

épistémique à une conclusion ontologique douteuse; mais on peut aussi stipuler que le comportement linguistique d'une créature fournit les meilleurs critères d'identification de ses pensées et du fait qu'elle pense. L'attribut de pensée requiert des capacités linguistiques non pas parce que ses actualisations sont linguistiques ou s'expriment par le langage, mais parce que ces capacités sont tout simplement de bons critères. En termes de critères comportementaux, il est sensé d'attribuer à un chien la pensée que son maître frappe à la porte, mais peut-on lui attribuer la pensée que son maître rentrera après-demain[1]? On voit mal ce qui pourrait, dans le comportement ou les dispositions comportementales du chien, manifester la maîtrise du concept « après-demain ».

Donald Davidson a proposé une série d'arguments originaux sur les relations d'interdépendance qui existent entre la pensée et le langage, au niveau de leurs contenus, de leur reconnaissance et de leur normativité. Dans son essai « Thought and Talk »[2] (1984), l'argument concluant à la dépendance de la pensée (paradigmatiquement : la croyance comme attitude propositionnelle) par rapport au langage est, synthétiquement, le suivant : pour avoir une croyance, il faut notamment avoir le concept de croyance, *et* on ne peut avoir le concept de croyance que si on conçoit la possibilité de l'erreur, et donc du contraste entre la vérité et l'erreur (entre une croyance vraie et une croyance fausse, même si elle est *tenue pour vraie*). Ce contraste ne peut apparaître que dans des pratiques d'interprétation linguistique, d'où émerge

---

1. L. Wittgenstein, *RP*, II, 174.
2. Repris dans D. Davidson, *Enquêtes sur la vérité et l'interprétation*, trad. fr. P. Engel, Nîmes, J. Chambon, 1993.

l'idée d'une vérité publique, objective. Plus précisément, les concepts de vérité/fausseté essentiels au concept de croyance (et à sa possession) sont acquis au cours de la triangulation perpétuelle entre le sujet et ses énoncés, un interprète et le monde. C'est là qu'un individu parvient à comprendre la différence entre ce qu'il pense et ce qui est indépendant de sa pensée, entre le subjectif et l'objectif, et entre le vrai et le tenir-pour-vrai. Dans un essai plus tardif (1994), Davidson écrit :

> Si nous n'étions pas en communication avec les autres, il n'y aurait aucun moyen pour nous de fonder l'*idée* qu'on puisse se tromper, et par conséquent qu'on puisse avoir raison, dans ce que l'on dit ou dans ce que l'on pense. La possibilité de la pensée en même temps que celle de la communication dépend, à mon sens, du fait que deux personnes ou plusieurs répondent, plus ou moins simultanément, à des entrées d'information venues d'un monde partagé, et que nous nous répondons l'un à l'autre. [1]

Le lien de dépendance qui existe entre la pensée et le langage n'est pas ici direct ; il est médiatisé par un réquisit (triangulation) qu'on pose pour définir la possession de pensées et du langage : l'inclusion dans une *communauté*. Pour d'autres défenseurs de (4), ce réquisit médiatisant les relations de dépendance (ou d'interdépendance) entre attribut de pensée et compétences linguistiques peut prendre la forme d'une capacité de réflexivité, de la rationalité, de la conscience de soi, ou encore du respect de normes sociales ou inférentielles.

---

1. D. Davidson, « Indéterminisme et anti-réalisme », dans J.-P. Cometti, Cl. Tiercelin (dir.), *Cent ans de philosophie américaine*, Pau, Presses de l'Université de Pau-Quad. (2003), p. 419-420.

La conception adverbiale de la pensée défendue ici ne considère pas que la fonction première ou principale de la langue soit d'exprimer la pensée ou des pensées, et que la maîtrise d'une langue soit un symptôme de la pensée. Certes, des performances ou dispositions linguistiques accomplies d'une certaine manière (en relation avec des capacités de justification, d'auto-correction, ...) peuvent faire en sorte qu'un comportement manifeste ou exprime l'attribut de pensée, et permettre à des interprètes d'attribuer des intentions ou des pensées à un locuteur, mais cela n'implique en rien que la pensée soit une sphère d'activités ou d'événements qui pourraient exister indépendamment de dispositions comportementales. La maîtrise ou l'usage d'une langue (et donc de signes) est plutôt un critère qui permet souvent (mais pas nécessairement) de justifier l'attribution de pensée(s). La maîtrise ou l'usage de signes, ici, est plus qu'une performance de vocalisation ou d'inscription : elle inclut des dispositions à corriger des performances déviantes, en faisant référence à des manières normées de procéder, non-nécessairement thématisées sous forme de règles. Certes, sans créatures pensantes, il n'y aurait peut-être pas ou plus de langues *parlées* ou *traduites*. Mais cela ne signifie pas que la langue soit située dans la pensée ou soit un produit de la pensée, en particulier si la pensée n'est pas une faculté ou un domaine mental. Si la pensée n'est pas un domaine ou un système comme l'est la langue et ses productions, on voit aussi – encore une fois – à quel point il est fourvoyant de soutenir que nous pouvons penser *en* mots (cela supposerait que la pensée soit un processus ou une activité, qui plus est localisable). L'acquisition d'une langue peut bien évidemment enrichir causalement les capacités cognitives de créatures, ce

TEXTES ET COMMENTAIRES

TEXTE 1

ANTOINE ARNAULD
Des vraies et des fausses idées *

Il semble d'abord qu'on ne peut admettre pour vraies ces façons de parler : *Nous ne voyons point immédiatement les choses : ce sont leurs idées qui sont l'objet immédiat de notre pensée ; et c'est dans l'idée de chaque chose que nous en voyons les propriétés*, qu'on ne soit obligé de recevoir la Philosophie des fausses Idées. Car on a de la peine à comprendre que ces façons de parler puissent être vraies, si outre les objets que nous connaissons, il n'y a quelque chose dans notre esprit qui les représente.

Je ne rejette point ces façons de parler. Je les crois vraies étant bien entendues. Et je puis même demeurer d'accord de cette dernière conséquence. Mais je nie qu'il s'ensuive de là qu'on soit obligé d'admettre d'autres idées que celles que j'ai définies dans le chapitre précédent, définitions trois [2],

---

* A. Arnauld, *Des vraies et des fausses idées*, édité par D. Moreau, Paris, Vrin, 2011, p. 72-74 (désormais *VFI*).
2. « Je prends aussi pour la même chose l'*idée* d'un objet et la perception d'un objet » (notre ajout – PS)

six[1] et sept[2], qui n'ont rien de commun avec les *êtres représentatifs* distingués des perceptions, qui sont les seuls que je combats, comme je l'ai marqué particulièrement dans la définition sept.

Pour bien entendre tout ceci, il faut faire deux ou trois remarques. La première est que notre *pensée ou perception* est essentiellement réfléchissante sur elle-même : ou, ce qui se dit plus heureusement en latin, *est sui conscia*. Car je ne pense point, que je ne sache que je pense. Je ne connais point un carré que je ne sache que je le connais : je ne vois point le soleil, ou pour mettre la chose hors de tout doute, je ne m'imagine point voir le soleil, que je ne sois certain que je m'imagine de le voir. Je puis quelque temps après ne pas me souvenir que j'ai conçu telle ou telle chose ; mais dans le temps que je la conçois je sais que je la conçois. On peut voir ce que saint Augustin dit sur cela dans le Livre X de la *Trinité*, chapitre X.

La seconde est qu'outre cette réflexion qu'on peut appeler *virtuelle*, qui se rencontre dans toutes nos perceptions, il y en a une autre plus *expresse*, par

1. « J'ai dit que je prenais pour la même chose *la perception* et *l'Idée*. Il faut néanmoins remarquer que cette chose, quoi qu'unique, a deux rapports : l'un à l'âme qu'elle modifie, l'autre à la chose aperçue, en tant qu'elle est objectivement dans l'âme ; et que le mot de *perception* marque plus directement le premier rapport, et celui d'*idée* le dernier » (notre ajout – PS)

2. « Ce que j'entends par les *êtres représentatifs* en tant que je les combats comme des entités superflues, ne sont que ceux que l'on s'imagine être réellement distingués des idées prises pour des perceptions. Car je n'ai garde de combattre toutes sortes d'êtres ou de modalités *représentatives* ; puisque je soutiens qu'il est clair, à quiconque fait réflexion sur ce qui se passe dans son esprit, que toutes nos perceptions sont des modalités essentiellement *représentatives* » (notre ajout – PS).

laquelle nous examinons notre perception par une autre perception, comme chacun l'éprouve sans peine ; surtout dans les sciences, qui ne se sont formées que par les réflexions que les hommes ont faites sur leurs propres *perceptions* : comme lorsqu'un Géomètre, ayant conçu un triangle, comme une figure terminée par trois lignes droites, a trouvé, en examinant la perception qu'il avait de cette figure, qu'il fallait qu'elle eût trois angles, et que ces trois angles fussent égaux à deux droits.

Il n'y a rien dans ces deux remarques qui puisse être raisonnablement contesté. Or joignant à cela ce que nous avons dit dans les définitions trois, six et sept, il s'ensuit que, toute perception étant essentiellement représentative de quelque chose, et selon cela s'appelant *idée*, elle ne peut être essentiellement réfléchissante sur elle-même, que son objet immédiat ne soit cette *idée*, c'est-à-dire *la réalité objective* de la chose que mon esprit est dit apercevoir : de sorte que, si je pense au soleil, la réalité objective du soleil, qui est présente à mon esprit, est l'objet immédiat de cette perception ; et le soleil possible ou existant, qui est hors de mon esprit, en est l'objet médiat, pour parler ainsi. Et ainsi l'on voit que sans avoir recours à des *êtres représentatifs*, distingués des perceptions, il est très vrai en ce sens que non seulement au regard des choses matérielles, mais généralement au regard de toutes choses, ce sont nos idées que nous voyons *immédiatement*, et qui sont *l'objet immédiat de notre pensée* : ce qui n'empêche pas que nous ne voyions aussi par ces idées l'objet, qui contient formellement ce qui n'est *qu'objectivement* dans l'idée : c'est-à-dire, par exemple, que je ne conçoive l'être formel d'un carré, qui est *objectivement* dans l'idée ou la perception que j'ai d'un carré.

COMMENTAIRE

Cet extrait est issu de l'ouvrage *Des vraies et des fausses idées*, dont la publication, en 1683, inaugura une controverse importante entre Arnauld et Malebranche. Cette controverse dura 11 ans (elle s'arrêta à la mort d'Arnauld), et constitua un épisode majeur de la philosophie du XVII e siècle. Mettant en scène deux protagonistes *cartésiens*, cette controverse ne concerna pas seulement le statut des idées et de la connaissance : elle portera progressivement sur de nombreux sujets, tels que la liberté de Dieu, les miracles, la causalité ou le rôle du plaisir dans la vie morale [1]. L'inauguration de cette controverse suscita l'attention et des réactions d'auteurs comme Leibniz, Locke ou Reid.

Le projet critique d'Arnauld, dans son ouvrage de 1683, visait initialement le *Traité de la nature et de la grâce*, publié par Malebranche en 1680, malgré les avertissements et critiques d'Arnauld. Mais pour critiquer les positions de Malebranche défendues dans ce livre (et en particulier sa théodicée), il fallait qu'Arnauld critique d'abord ses présupposés, dont la théorie des idées et de la connaissance défendue par Malebranche dans *La recherche de la vérité* (1674). Pouvons-nous connaître

1. Voir D. Moreau, *Deux cartésiens. La polémique entre Antoine Arnauld et Nicolas Malebranche*, Paris, Vrin, 1999.

Dieu à l'aide d'idées ? Oui, répond Malebranche, étant donné que tout ce que nous voyons, nous le voyons en percevant des idées en Dieu. Notre connaissance partage quelque chose du mode de connaissance de Dieu. Non, rétorque Arnauld : nos idées ne sont que nôtres. Une grande partie de l'ouvrage de 1683 – dont l'extrait que nous commenterons dans un instant – porte ainsi en réalité sur une théorie défendue par Malebranche depuis 1674. Le titre complet de l'ouvrage est d'ailleurs *Des vraies et des fausses idées. Contre ce qu'enseigne l'auteur de la* Recherche de la vérité.

Le débat entre les deux auteurs sur le statut des idées trouve sa source dans une ambiguïté de la théorie cartésienne des idées, dont tous deux se réclament. Le concept d'« idée » n'avait rien de clair et d'évident à l'époque : comme le remarque Denis Moreau[1], Descartes est en fait l'un des premiers, en 1641, à appliquer ce concept à des phénomènes intellectuels *humains* (et plus précisément à tout ce qui peut être en notre pensée), et non pas pour décrire l'activité intellectuelle de Dieu. L'usage cartésien du concept d'« idée » est étroitement solidaire d'un modèle représentationnel de l'esprit : certains types de pensées (qui peuvent être des volitions, des conceptions, des sensations) sont comme les images des choses, il s'agit des idées[2]. Ces idées sont en moi, ce sont des objets de la conscience, et pas d'abord de la raison[3].

1. Introduction à *VFI*, p. 23.
2. La fonction représentative de l'image, chez Descartes, ne ressort cependant pas d'éventuelles propriétés mimétiques (*Dioptrique*, Discours quatrième).
3. Voir B. Baertschi, *Les rapports de l'âme et du corps, op. cit.*, p. 16.

L'ambiguïté de la théorie cartésienne des idées
dont il est ici question est la suivante : dans la préface
aux *Méditations métaphysiques*, et dans la troisième
méditation[1], Descartes distingue deux manières de
décrire (de « prendre en tant que ») les idées : en tant que
façons de penser, toutes les idées sont identiques (elles
procèdent toutes du penseur « d'une même sorte », dit
Descartes ; ce sont des opérations de l'entendement). Mais
en tant qu'*images*, les idées peuvent être distinguées par
leur contenu, ou par ce qu'elles représentent : celles qui
représentent des substances, par exemple, contiennent en
elles-mêmes plus de *réalité objective* – c'est l'expression
de Descartes – que celles qui représentent des accidents.
Pour le dire autrement : en tant que réalités formelles
(c'est-à-dire en tant qu'événements qui modifient mon
esprit), les idées sont identiques. En tant que réalités
objectives (c'est-à-dire en tant que dotées d'un contenu
qui représente l'objet dont l'idée est l'idée), les idées sont
distinctes.

Pour Arnauld, cette distinction élaborée par Descartes
ne peut être que descriptive. Elle ne relève pas de
modes d'être différents des idées. L'idée d'un objet
et la perception d'un objet sont ainsi le même fait (la
même pensée), mais décrit de deux manières différentes
(le lexique de l'idée insiste sur le contenu ou la réalité
objective de la pensée ; le lexique de la perception
insiste sur le fait que la pensée est une modification
de l'âme). Ontologiquement, toutes les perceptions
sont représentatives. Rappelons ici que dans ce cadre
cartésien « perception » dénote toute opération de

1. Voir aussi l'exposé géométrique des *Secondes réponses*, et les
Principes de la philosophie, I, 17.

l'entendement : la perception sensible, mais aussi la pensée ou la connaissance. Or, selon Malebranche, cette distinction entre *réalité formelle* et *réalité objective* des idées possède une consistance ontologique. Il faut ainsi distinguer l'idée de la perception (en faisant de l'idée l'objet de la perception), car les modifications de l'âme sont égales entre elles, là où les idées sont différentes : leurs contenus représentatifs respectifs peuvent varier en intensité. Les propriétés immuables, nécessaires, universelles ou éternelles du contenu de l'idée ne peuvent d'ailleurs dériver de la finitude de l'esprit humain et des actes perceptifs qui le constituent [1]. Les perceptions sont des modifications de notre âme, mais ne sont pas des représentations des objets ; les idées qui représentent des objets sont, elles, distinctes de notre âme. Les idées sont perçues (« nous ne pouvons apercevoir les choses hors de l'âme que par le moyen des idées », écrit d'ailleurs Malebranche) [2], mais ne sont pas elles-mêmes des perceptions : elles ne relèvent pas de l'esprit pensant, mais de l'entendement divin. Les idées sont des représentations *dans* l'esprit, et pas *de* l'esprit. C'est en étant *dans* l'esprit que ces idées en sont séparables, et jouissent d'une indépendance suffisante pour que l'esprit les ait comme *objets*. Pour reprendre l'exemple de Malebranche, lorsque l'esprit voit le soleil, son objet immédiat n'est pas le soleil, mais une idée. Malebranche invoque explicitement les cas de l'illusion et de l'hallucination pour renforcer son modèle : lorsque j'imagine une montagne d'or ou que, fiévreux, je vois un éléphant rose, je ne vois *rien* – même si une idée

1. *RV*, III, 2, 3.
2. *RV*, III, 2, 1.

de ces objets est présente à mon esprit, et produit mon expérience perceptive.

Dans cet extrait de texte, l'enjeu principal consiste, pour Arnauld, à proposer une interprétation de la phrase « Nous ne voyons point immédiatement les choses : ce sont leurs idées qui sont l'objet immédiat de notre pensée ». Il s'agit de la paraphrase d'un extrait de l'ouvrage *La recherche de la vérité* de Malebranche[1]. Or, pour Arnauld, cette phrase est *fausse*, si elle signifie que nous n'accédons aux choses que par l'intermédiaire d'*objets* ou de *choses* dans notre esprit (les idées). Elle peut être vraie en étant *bien entendue* : c'est-à-dire si on la comprend sans faire l'hypothèse qu'il existe des objets représentatifs dans l'esprit. Comment donc accepter que les choses ne sont pas vues immédiatement, et que ce sont les idées de ces choses qui sont l'objet immédiat de notre pensée, sans transformer ces idées en objets intermédiaires entre notre esprit et les choses ?

La stratégie d'Arnauld va se déployer à partir de deux remarques. La première remarque présuppose une équivalence entre *pensée* et *perception*. Arnauld, ne l'oublions pas, était un cartésien. Il définit toute pensée ou toute perception comme essentiellement réfléchissante sur elle-même, et plus précisément connaissante d'elle-même : toute pensée ou toute perception porte *sur quelque chose*, mais s'accompagne aussi d'une aperception de l'occurrence de cette pensée. Nous sommes ici dans un cadre cartésien classique, présenté dans la première

---

1. *RV*, III, II, chap. 1, § 1. Pour des raisons évidentes d'espace, nous ne traiterons pas de l'interprétation que donne Arnauld de la phrase « c'est dans l'idée de chaque chose que nous en voyons les propriétés », également mentionnée au début de l'extrait.

section de l'ouvrage. C'est l'aperception immédiate d'un acte de l'esprit qui fait de cet acte un acte de pensée.

La seconde remarque précise que cette réflexion est *virtuelle*. « Virtuel » est, ici, à comprendre à partir de la terminologie scolastique : est virtuel ce qui est en puissance (et non pas en acte), et qui contient donc en lui les conditions de son actualisation. La réflexion virtuelle est propre à toute *conscience* immédiate : elle désigne la *capacité*, pour l'idée qui est immédiatement consciente, d'être aussi l'objet d'une connaissance par la réflexion ou l'attention.

Le caractère essentiellement réfléchissant sur elle-même d'une pensée ne relève donc pas nécessairement de l'occurrence d'une pensée d'ordre supérieur portant sur la pensée en question. Cette réflexion virtuelle n'est en effet pas à confondre avec un autre type de réflexion qui est, elle, *expresse*, c'est-à-dire *explicite pour le sujet* : il s'agit de la réflexivité qui est présente lorsque nous pensons à nos pensées. Typiquement, nous réfléchissons sur ce que nous pensons ou avons pensé, en produisant des pensées sur nos pensées. Il s'agit, pour Arnauld, d'un acte intellectuel sophistiqué – en témoigne l'exemple pris : l'activité du mathématicien qui porte sur les formes qu'il a pu tracer ou percevoir. Pour Arnauld, la perception réfléchie est souvent nécessaire pour bien connaître l'objet perçu.

Muni de ces deux précisions, et en s'appuyant sur les définitions données dans le paragraphe précédent, et donc sur l'équivalence entre *pensée* et *perception*, Arnauld peut déployer le cœur de sa stratégie de définition de la non-immédiateté de la pensée. Il convient de clarifier le sens des deux énoncés suivants, sans néanmoins les comprendre à partir du modèle de Malebranche, qui fait des idées des objets séparés de l'esprit :

1) *Nous ne voyons point immédiatement les choses.*

2) *Ce sont les idées des choses qui sont l'objet immédiat de nos pensées.*

Lorsqu'une pensée est une idée, nous dit Arnauld, cela signifie que nous la considérons à partir de son rapport à son objet : dans ce contexte de description, cette pensée n'est pas essentiellement réflexive ; elle ne porte pas immédiatement sur elle-même. Elle est en effet décrite comme portant sur une chose dans le monde, c'est-à-dire sur une chose qui existe formellement pour la pensée. L'objet immédiat de l'idée n'est pas la *réalité objective* de la chose, c'est-à-dire le contenu représentatif de l'idée. Il faut ici préciser un point important : la distinction réalité formelle / réalité objective s'applique, on l'a vu, aux manières de décrire les idées. Elle peut aussi s'appliquer aux *objets* des idées : la réalité objective d'un objet est sa réalité dans l'esprit (« être objectivement », c'est être dans l'esprit) ; sa réalité formelle est sa réalité effective, « dans le monde ».

Mais lorsque je décris une pensée comme une perception, j'insiste sur le fait qu'elle est un acte qui *modifie* l'esprit ; je n'insiste pas sur son objet dans le monde. Dans ce cadre, je peux dire qu'elle est essentiellement réfléchissante sur elle-même (elle comporte une composante réflexive, c'est d'ailleurs ce qui en fait une pensée) : son objet immédiat est la réalité objective de la chose, c'est-à-dire la chose telle qu'elle est présente à l'esprit, dans le contenu de la pensée. On pourrait même dire que la réalité formelle de la chose est ce qui permet – en tant que cause – à ma perception de porter sur la réalité objective de la chose. (Pour le dire autrement : pour qu'il y ait réflexion virtuelle, il faut qu'il y ait une pensée qui soit l'objet de cette réflexion, et donc une pensée qui soit causée par un état du monde. Ce n'est pas la réflexion virtuelle qui créée la pensée). Bref, si on considère la pensée comme perception, il est vrai que la pensée porte immédiatement sur elle-même. Le même événement ou la même pensée, selon son mode de description, peut à la fois – en tant que perception, essentiellement réfléchissante – porter essentiellement et immédiatement sur lui-même et – en tant qu'idée – porter sur la réalité formelle de l'objet. La réflexivité essentielle de la pensée et la description de la pensée comme perception font donc qu'il est plausible de soutenir *qu'en un certain sens* – le sens où la pensée est perception – nous voyons *immédiatement* dans le cas de la réflexion (virtuelle ou expresse) ce qui peut aussi être décrit comme idée, et plus précisément comme contenu.

Arnauld a donc défini le caractère réflexif de la pensée d'une manière telle que (a) cette réflexivité implique qu'une pensée (en tant que perception) porte sur elle-même (y compris sur quelque chose qu'on peut décrire comme idée), et donc que dans la pensée, nous voyons immédiatement nos idées, et que (b) on puisse rendre du compte du fait que les idées sont les objets immédiats de la pensée en invoquant cette réflexivité, et non pas la présence devant l'esprit d'idées, qui seraient semblables à des objets, et qui seraient perçues. Bref, la stratégie de Malebranche n'est pas nécessaire pour défendre et donner un sens à la thèse selon laquelle, dans la pensée, nous voyons immédiatement nos idées. L'objet de la pensée, en tant qu'idée, n'est pas cette pensée elle-même, même si cette pensée, en tant qu'idée, est ce qui est immédiatement aperçu par cette même pensée, en tant que perception.

C'est également à partir de cette distinction entre idée et perception qu'Arnauld est en mesure de donner deux sens différents à « penser immédiatement à un objet » et, conséquemment, deux sens différents à « objet immédiat de la pensée ». Si « penser immédiatement à un objet », c'est y penser sans passer par des idées identiques à des perceptions, alors nous ne pouvons pas penser immédiatement à un objet, toute pensée étant identique à une perception ou à une idée. Mais l'idée n'est pas une substance entre mon esprit et l'objet perçu ; elle n'est qu'une modification de la substance pensante. Dans ce cadre où la médiation de l'idée n'est pas une médiation substantielle (un être représentatif), il est néanmoins permis de soutenir que lorsque nous pensons au soleil, nous voyons immédiatement nos idées, qui sont l'objet immédiat de notre pensée : c'est là tout le travail accompli par Arnauld dans ce texte. Tout acte mental, parce qu'il est conscient, inclut une réflexion virtuelle sur lui-même (et donc sur son contenu), tout en portant sur un objet (l'un ne va pas sans l'autre). Si « penser immédiatement à un objet », c'est y accéder sans passer par la perception ou la considération d'un être représentatif dans l'esprit, être représentatif distinct de la perception dont il peut alors être l'objet, alors nous pouvons penser – et pensons souvent – immédiatement à cet objet : il n'y a pas d'objet intermédiaire entre la pensée et ses objets.

Dans un premier sens, un objet immédiat de pensée est un objet qui est présent à la pensée directement, c'est-à-dire sans nécessiter d'actes de pensée supplémentaires. Les seuls objets immédiats de pensée, dans ce sens, ne peuvent être que les pensées et leurs contenus représentatifs, cela en vertu de la réflexivité – expresse ou virtuelle – qui les accompagne, et par laquelle elles peuvent – en tant que perceptions – se prendre pour objet. L'objet direct et immédiat de ma perception n'est pas l'objet dans le monde, mais l'idée qui le représente. Dans un second sens, un objet immédiat de pensée est un objet qui est atteint par la pensée *en tant qu'idée* sans passer par un autre objet, qui serait un intermédiaire. Des faits dans le monde peuvent ici être des objets immédiats de pensée.

CRITIQUE OU RAFFINEMENT DU REPRÉSENTATIONNALISME ?

Comme Reid [1] le remarqua pertinemment, la stratégie d'Arnauld attaque la théorie malebranchienne des idées sur l'un de ses points faibles, mais qui était aussi l'un des points considéré à l'époque comme le moins contestable : le principe selon lequel nous ne percevons pas les objets du monde extérieur immédiatement, étant donné que nous ne les percevons que *via* des images ou des idées. La théorie des idées de Malebranche présupposait que ce principe était accepté par tous les protagonistes de l'époque. La critique principale d'Arnauld ne porte pas sur la localisation des idées en Dieu, mais sur la question de leur existence indépendante des activités de pensée et de perception de l'esprit, cette indépendance garantissant alors pour Malebranche la possibilité, pour l'esprit, de les percevoir.

Cependant, Arnauld ne conteste aucunement le caractère représentatif des idées : au contraire, il le tient

---

1. Reid, *Essays on the Intellectual Powers of Man*, 1785, chap. 13.

pour tellement fondamental qu'aucune analogie avec le mode de fonctionnement de représentations situées hors de l'esprit, comme les signes linguistiques ou les tableaux, n'est envisageable pour expliquer son origine [1]. On pourrait même dire qu'Arnauld critique Malebranche au nom d'un représentationnalisme bien compris : pour Arnauld, la théorie malebranchienne des idées obscurcit considérablement l'intelligibilité du principe selon lequel les idées ont un caractère représentatif, étant donné qu'il fait des idées des objets distincts à la fois de leur objet et de l'esprit. En témoigne aussi sa défense de ce qu'on appelle depuis John Searle [2] la distinction entre *intentionnalité intrinsèque* et *intentionnalité dérivée* : les représentations mondaines comme les tableaux, les images ou les mots n'ont de fonction représentative qu'en raison de notre pensée, qui possède intrinsèquement une fonction représentative [3].

La controverse entre les deux auteurs se situe donc à l'intérieur du représentationnalisme. Malebranche s'inscrit dans une tradition pour laquelle les idées sont des moyens termes entre la pensée et le monde. Le rapport au monde est médiat. La pensée porte indirectement sur le monde : si elle porte sur le monde, c'est en portant sur des idées qui portent sur le monde. Les idées sont des choses. C'est à partir de ce présupposé que Malebranche propose sa théorie des visions des idées en Dieu, en confondant – dans un vocabulaire contemporain [4] – les véhicules des idées avec leurs contenus : si certaines idées portent sur

1. *VFI*, chap. V, Définitions 7 et 8.
2. J. Searle, *L'intentionalité : Essai de philosophie des états mentaux*, trad. fr. Cl. Pichevin, Paris, Minuit, 1985.
3. A. Arnauld, « Sur la représentation », repris dans *VFI*.
4. R. Millikan, « Content and vehicle », *op. cit.*

des faits immuables ou éternels, elles doivent être elles-
mêmes immuables et éternelles, et donc ne pas dépendre
de ma pensée. Pour Arnauld en revanche, l'idée est un
mode (une modification) de la pensée ; nous sommes
ainsi directement en contact avec le monde. Il soutient
que (1) la pensée est une représentation du monde, et
nous donne accès immédiatement à ce dernier par des
actes représentationnels qui sont des modifications de la
pensée ; mais pas que (2) la pensée accède médiatement
au monde par la considération ou la perception de
représentations de ce dernier.

Toutefois il n'est pas sûr que (1) exemplifie ce
que certains[1] ont pu voir comme un modèle dyadique
de la relation entre l'esprit et le monde (l'esprit est
directement en contact avec le monde) et (2) un modèle
triadique (la pensée porte sur le monde *via* des êtres
représentationnels). Considérons en effet l'idée comme
modification de la pensée. Elle possède une fonction
représentative. La pensée peut porter sur un objet mondain
en raison de cette composante représentationnelle. Il n'y
a donc pas de rapport direct entre la pensée et le monde.
Il n'y a pas de médiation représentationnelle au sens où
il n'y a pas d'objet entre la pensée et le monde, mais il y
a une médiation représentationnelle au sens où la pensée
vise le monde *via* un événement représentationnel qui
l'affecte. Arnauld critiquerait donc en réalité un modèle
quaternaire de la pensée (l'esprit se rapporte à l'objet *via*
une idée-objet qu'il perçoit), et défendrait une version

1. Voir S. Nadler, *Arnauld and the Cartesian Philosophy of Ideas*,
Manchester University Press, 1989, p. 6. Il existe une controverse très
vive sur cette question (« Arnauld est-il un représentationnaliste ? »),
en particulier dans la littérature anglo-saxonne depuis les années 1920
(débat entre J. Laird et A. O. Lovejoy).

triadique, donc classiquement représentationnaliste (l'esprit se rapporte à l'objet *via* une idée). L'idée est un *acte* représentatif de l'esprit; elle n'est pas un objet représentationnel qui est perçu par un autre acte. Mais il n'en reste pas moins qu'elle est un acte *représentatif.*

LA REPRÉSENTATION ET LES PRÉJUGÉS DE L'ENFANCE

Certains arguments proposés par Arnauld pour critiquer le représentationnalisme de Malebranche contenaient pourtant en puissance une critique du représentationnalisme tout court. Pour Arnauld, la théorie malebranchienne des idées repose en dernière instance sur des préjugés de l'enfance, au sens de Descartes : des préjugés issus de la tradition et de nos impressions corporelles. Dans le chapitre IV de l'ouvrage *Des vraies et des fausses idées*, Arnauld tente de retracer le chemin de pensée qui a progressivement amené la plupart des philosophes de son temps à croire en la réalité substantielle des idées et en leur nécessité. Le représentationnalisme des philosophes trouve sa source, nous dit Arnaud, dans deux constats issus du sens commun :

(1) Pour voir un objet, l'objet doit être présent devant nos yeux.

(2) Parfois, nous ne voyons pas un objet, mais son image, comme lorsque nous regardons dans un miroir ou sur la surface de l'eau.

On dispose alors de deux modèles différents de la vision : la vision comme requérant la présence physique de l'objet, et la vision par images ou par reflets. Les hommes, poursuit Arnauld, ont également réalisé qu'ils pouvaient connaître des choses sans néanmoins les voir par les yeux, étant donné que ces choses sont trop petites, trop éloignées ou encore invisibles. Cette connaissance relève alors toujours d'une vision, mais d'une vision par l'esprit. Pour être définie et comprise, cette vision par l'esprit est définie sur le modèle de la vision par les yeux.

(3) Voir par l'esprit, c'est *comme* voir par les yeux : la vision par l'esprit requiert une présence des objets devant l'esprit.

Mais quels sont ces objets devant l'esprit ? Pour certains philosophes, nous dit Arnauld, l'esprit est immatériel ; pour d'autres, l'esprit est d'une matière subtile, et enfermé dans le corps : dans les deux cas, l'esprit ne peut entretenir de rapports avec les objets du monde extérieur. La vision par l'esprit n'est pas donc comme la vision basée sur la présence de la chose ; elle ne peut être que comme la vision par images, par reflets ou par êtres représentatifs des choses. On aboutit alors à l'idée que la connaissance des choses par l'esprit nécessite une présence dans l'esprit d'*images* de ces choses.

Si, de plus, le philosophe considère que, déjà au niveau de la vision sensible, ce ne sont pas les objets qui sont vus par les yeux, mais des images ou espèces intentionnelles de ces objets, ce modèle de la connaissance par images s'en trouve davantage renforcé. Arnauld n'attribue cependant pas cette thèse sur le caractère représentationnel de la vision sensible à Malebranche.

Enfin, et c'est la dernière étape de ce cheminement, il convient de définir la nature de ces images ou de ces êtres représentatifs des objets de la connaissance. Il est alors fréquent, nous dit Arnauld, de transférer à ces êtres représentatifs les propriétés des entités représentationnelles que nous connaissons et manipulons dans le monde extérieur, comme des images. Les idées sont alors considérées comme des objets, saisissables et manipulables par l'esprit. Mais pour Arnauld, les représentations de l'esprit ne doivent pas être définies à partir de termes qui s'appliquent originairement à des représentations externes. Plus fondamentalement, *être présent à l'esprit* (dans la pensée) n'est pas comme *être présent devant les yeux* (dans la vision). Le verdict d'Arnauld est brutal :

> On doit donc rejeter comme imaginaires certaines *entités*, dont on n'a aucune idée claire, et qu'on voit bien qu'on n'a inventées que pour expliquer des choses qu'on s'imaginait ne pouvoir bien comprendre sans cela [1].

Plus de 300 ans après ces critiques faites par Arnauld des confusions qui sont engendrées par la comparaison des idées avec des objets, on trouve encore très facilement dans la littérature philosophique et psychologique des assertions visant à clarifier le statut des prétendues « représentations mentales » à partir de cette stratégie comparatiste. Introduisant son modèle computationnel de la vision, pour lequel la vision est une activité algorithmique de construction d'une représentation tri-dimensionnelle du monde à partir des entrées bidimensionnelles rétiniennes, David Marr précisait ainsi qu'« une représentation n'est donc pas une idée étrange – nous utilisons tous des représentations tout le temps » [2]. Le psychologue Zenon Pylyshyn renchérissait encore récemment, en faveur de la supposée *évidence* du représentationnalisme : « Nous pouvons, après tout, faire un usage de représentations externes comme des diagrammes ou des dessins. Pourquoi de telles choses

---

1. *VFI*, p. 70 ; souligné par l'auteur.
2. D. Marr, *Vision*, San Francisco, Freeman Press, 1980, p. 20.

ne pourraient-elles donc pas être construites dans la pensée ? » [1]

Pour Arnauld, il n'y a pas de sens à se baser sur les propriétés des objets mondains pour définir les objets de l'esprit, étant donné que l'esprit relève d'un domaine ontologique radicalement distinct du monde naturel et de sa nature matérielle. Mais il n'est pas nécessaire d'emprunter une voie dualiste pour douter de l'intelligibilité d'un transfert des propriétés des représentations externes vers les « objets mentaux ». Il suffit en fait de prêter un minimum d'attention aux modalités d'usage et de signification des représentations externes, modalités étroitement solidaires de pratiques normatives et d'usages institués, pour réaliser qu'il serait très douteux que la matière ou le fonctionnement cérébral puisse abriter de telles pratiques ou de tels usages, et donc héberger intrinsèquement (indépendamment du regard d'un observateur) du sens ou de la signification – sauf évidemment à poser l'existence d'une communauté d'homoncules dans le cerveau.

1. Z. Pylyshyn, *Things and Places. How the Mind Connects with the World*, Cambridge (MA)-Londres, MIT Press, 2007, p. 154.

TEXTE 2

GILBERT RYLE
Un animal rationnel *

Quelle relation y a-t-il entre la manière dont toutes les actions et réactions humaines requièrent la pensée ou la rationalité, c'est-à-dire l'usage ou le mauvais usage d'un entendement au moins partiellement éduqué, et la manière dont certaines activités de réflexion plutôt spéciales, voire spécialisées, appartiennent à certaines personnes à certains moments seulement, c'est-à-dire lorsque nous décrivons ces personnes comme occupées à penser plutôt qu'à faire? Y a-t-il une ligne continue de développement qui va de l'enfant qui rit d'un mauvais tour, ou du joueur de tennis qui anticipe le retour de son adversaire jusqu'à, disons, l'historien qui essaie, peut-être avec succès, de trouver l'explication d'un épisode historique, ou au scientifique qui essaie, peut-être avec fruit, d'affiner la théorie de Mendel? Est-ce que théoriser est une étape très avancée d'un processus dont, par exemple, ressentir qu'on est injustement réprimandé constituerait une étape très primitive? L'enfant qui tente un nouveau stratagème à cache-cache est-il déjà un Newton en culottes courtes?

* « A rational animal », *in* G. Ryle, *Collected Papers*, vol. II, Londres, Hutchinson, 1971, p. 426-434. Traduction originale.

Je vais soutenir que cette ligne n'est pas une ligne continue, et donc qu'il y a plus qu'une simple augmentation de complexité entre les problèmes que nous résolvons ou essayons de résoudre dans, disons, une crèche ou sur un terrain de football, et ceux que nous résolvons ou tâchons de résoudre en nos capacités de scientifiques, économistes, spécialistes académiques, philosophes, etc, ou même ceux que nous résolvons ou tentons de résoudre en tant qu'écoliers qui étudient l'arithmétique, la traduction, la géographie, ou la rédaction. Mais je ne soutiendrai pas, bien entendu, qu'il y a eu un jour dans la vie de chacun, ou même qu'il y a un sens à dire qu'il y a eu un tel jour, où nous avons été promus, ou nous sommes promus nous-mêmes des rangs de ceux qui ne font que posséder et utiliser l'intelligence au rang de ceux qui possèdent et utilisent leur Intellect ou leur Faculté de Raison Théorique.

La notion entièrement générale de pensée [*thought*] que nous avons considérée est celle, par exemple, du fait de penser ce qui est à faire et de penser comment le faire, tel que ce fait existe pour la personne qui essaie de gagner son match au tennis, ou qui essaie de converser avec un étranger. Le problème de cette personne est, en un sens large, un problème pratique mais non pas moral, et la solution correcte qu'elle y apportera constitue son succès dans le jeu ou dans la conversation. Comme nous l'avons vu, la pensée de cette personne n'est pas un précurseur ou une étape préparatoire qui mènerait vers l'effectuation de ce qu'elle veut faire ; il s'agit plutôt d'un élément, et d'un élément essentiel, dans sa tentative de faire. Ce n'est pas une partie, qu'on pourrait décrire séparément, d'une activité autonome ; c'est une caractéristique constitutive de son jeu au tennis ou de sa conversation, couronné ou pas de succès. Cette pensée *est* seulement le fait que cette personne est en train d'essayer avec intelligence ou, très souvent, réussit avec intelligence, sans devoir essayer. La personne ne possède pas une raison pour penser ce qui est à faire et une autre raison pour accomplir la chose en question ; elle n'est pas non plus la victime d'une division entre deux occupations, l'une qui serait le jeu ou la conversation, l'autre qui serait le fait de penser à comment il faut jouer ou converser. Son jeu peut être judicieux ou mal jugé, mais sa pensée [*thinking*] qui porte sur sa manière de jouer n'est cependant pas une pensée judicieuse ou mal jugée. Il peut s'agir d'une pensée rapide ou lente, efficace ou inefficace ; mais la personne n'est cependant pas en train d'essayer de penser efficacement à sa manière de jouer ; elle n'est qu'en train d'essayer de jouer efficacement. Après coup elle peut trouver un défaut à sa manière de jouer, mais pas, malgré tout, à la manière dont elle considérait sa manière de jouer. Elle peut s'accuser de jouer avec négligence, mais pas de penser négligemment à sa manière de jouer.

En contraste fort avec cela, la pensée ou la réflexion que nous sommes disposés à classifier comme travail intellectuel – peu importe qu'il soit de bas niveau ou de haut niveau – est la pensée dans laquelle le penseur est nécessairement au moins un peu soucieux de penser en bonne et due forme. Sa pensée possède des standards propres, de manière telle que rétrospectivement le penseur puisse trouver des fautes au niveau de ce qu'il avait pensé, et puisse s'accuser d'avoir négligemment pensé relativement à certains attendus. Nous sommes donc en train de considérer la pensée qui est l'objet du travail des écoles et des universités, qui l'entraînent et la stimulent. On entraîne et on stimule délibérément là-bas

les étudiants à penser comme de bons mathématiciens,
de bons historiens, de bons philosophes, de bons
biochimistes, de bons rédacteurs de vers en latin, ou
comme de bons grammairiens. Il s'agit dans une certaine
mesure d'une pensée spécialisée, et d'une pensée qui a
atteint une sorte d'autonomie, étant donné qu'elle avance
maintenant par ses propres moyens. C'est une occupation
séparée. À la question « Que fait-il ? » on peut répondre
« Il est en train de penser ». De plus, cette pensée possède
en elle un facteur d'auto-correction faible ou fort. Pas très
loin derrière la question de l'examinateur « Que pensez-
vous à propos de tel ou de tel sujet ? » se niche la question
« Pourquoi pensez-vous cela ?, c'est-à-dire en quoi êtes-
vous justifié à penser cela ? ». Produire un énoncé sans
donner ce qui le justifie, c'est essayer de persuader, et
non pas essayer d'enseigner ; et avoir accepté de tels
énoncés c'est croire, et non pas savoir (…)

À présent, nous pouvons enfin commencer à voir plus
clairement qu'avant comment les idées de rationalité,
d'être-raisonnable, et de raisons sont internes au concept
de pensée qui doit être classé comme travail intellectuel.
C'est parce que cette pensée incarne essentiellement
des éléments d'auto-correction. Bien qu'indispensables,
l'intuition, le sens naturel de la direction, ou le fait de
suivre de bons exemples, ne sont plus suffisants. Le
penseur se soucie de savoir, au moins un petit peu, s'il
comprend les choses de manière correcte ou incorrecte ;
il s'efforce au moins un peu de penser en bonne et due
forme. Ceci implique que la question de la justification
soit toujours une question présente. Pour toute hypothèse
ou suggestion qui est faite, pour toute question qui est
posée, pour tout argument qui est construit ou même
esquissé, pour tout exemple qui est cité, pour tout mot,

toute expression voire toute virgule qui est utilisée,
l'exigence est présente à l'avant-plan ou à l'arrière-
plan : « Pourquoi ? », « De quel droit ? », « Pour quelle
raison ? ». À cet égard, la demande toujours présente de
justification est comme la demande de justification qui
peut toujours être produite pour toute action que nous
accomplissons et même pour n'importe lesquelles de
nos réactions ou sentiments qui sont à classer comme
spécifiquement humains. Mais la différence qui nous
importe est que les raisons qui sont offertes pour
justifier des opérations ou des efforts intellectuels ou
théoriques sont nécessairement elles-mêmes des raisons
intellectuelles ou théoriques. Elles sont *ex officio* des
considérations propositionnelles. Il ne s'agit pas de
raisons *ex officio* morales, prudentielles, ou esthétiques,
pas plus qu'il ne s'agit de raisons de courtoisie, de mode,
de prouesse compétitive ou de petit commerce.

Naturellement, bien que malheureusement, la
préoccupation des philosophes avec les raisons ou les
justifications théoriques les a souvent amenés à traiter les
raisons et les justifications pratiques comme de simples
variétés ou ramifications de raisons théoriques, comme
si, d'une certaine manière, tous les scrupules et toutes les
prudences se réduisaient aux scrupules des théoriciens et
à la prudence des théoriciens. Le genre a été réduit à une
variété de l'une de ses propres espèces, simplement parce
que l'espèce possède, et mérite, une saveur tellement
particulière. (…)

Si nous apprécions le passe-temps égotiste consistant
à attribuer à l'espèce humaine des certificats que nous
refusons à d'autres créatures ou si, plus judicieusement
mais encore avec platitude, nous aimons donner à
l'homme civilisé des certificats que nous refusons

à l'homme non-civilisé, ou encore des certificats à l'homme civilisé à son plus haut point que nous refusons à moitié d'attribuer à l'homme civilisé agissant de manière convenable mais sans gloire, nous accorderons alors beaucoup d'importance – mais pas d'exclusivité – à son comportement passé et à ses promesses à venir en tant que théoricien, c'est-à-dire en tant que contributeur à l'avancée de la connaissance, peu importe qu'il s'agisse de la connaissance de la nature, de la connaissance mathématique ou la connaissance des mœurs et des vocations humaines. Mais nous ne devrions pas confondre les certificats avec les explications. Et pourtant c'est précisément ce que nous faisons lorsque nous traitons des capacités spéciales et spécialement inculquées comme des agents ou des forces élémentaires ; par exemple quand nous considérons la Raison Théorique comme la cause du fait que la nature humaine est telle qu'elle est, ou quand nous traitons tous nos actes comme les effets de certains de nos actes propositionnels, et toutes nos erreurs comme les empreintes visibles laissées dans la boue par la commission secrète des erreurs inarticulées.

COMMENTAIRE

La question de la nature de la pensée, ou plutôt de la diversité des types de pensée, a été au centre du travail philosophique de Gilbert Ryle (1900-1976). On réduit trop souvent ce travail à l'une de ses productions : l'ouvrage *The Concept of Mind* (1949), dans lequel Ryle forge l'expression « fantôme dans la machine » pour critiquer la philosophie mentale héritée de Descartes. On a pu alors très superficiellement rapprocher Ryle du béhaviourisme philosophique : ce rapprochement a souvent suffi (et suffit encore) pour ignorer son œuvre. Si *The Concept of Mind* propose une cartographie des concepts mentaux, une grande partie du travail subséquent de Ryle a été consacré plus spécifiquement à la pensée. Ryle insistait avant tout sur la diversité des formes de la pensée – avant parfois de tenter d'unifier cette diversité dans une théorie adverbiale, source d'inspiration importante de la théorie adverbiale que nous avons présentée et défendue plus haut.

L'extrait que nous commenterons ici provient d'un texte intitulé « *A rational animal* », issu d'une conférence donnée en 1962. Dans cette conférence, Ryle interroge le sens, la portée et les limites de la définition de l'homme comme animal rationnel, et plus précisément de la raison dont il est question dans cette définition. Si la raison, nous dit Ryle, équivaut à la capacité à construire et à évaluer des démonstrations de théorèmes, force est de constater que de nombreux membres de l'espèce humaine ne sont pas des créatures rationnelles. La rationalité peut alors être plus largement entendue comme capacité à donner et à évaluer des raisons dans le cadre de la justification de propositions, mais aussi à effectuer des inférences entre propositions. S'il est permis de penser que l'homme accompli est généralement doté de rationalité dans ce sens, il n'est pas néanmoins sûr que ce soit *cette* rationalité-là qui distingue centralement l'homme des autres animaux. D'autres vertus, moins académiques mais peut-être plus courantes, viennent rapidement à l'esprit : un homme peut être rationnel, circonspect, prudent ou idiot dans son discours, dans ses raisonnements ou dans ses justifications, mais il peut aussi être fier, prudent, lâche, honteux, ou malicieux dans ses réactions, dans son comportement ou dans ses sentiments. On pourrait alors élargir la raison, et faire une place à la *raison pratique* à côté de la raison théorique. Mais il sera alors toujours facile de mentionner des activités ou des comportements commerciaux, artistiques ou sportifs pour situer dans ces types d'activités la spécificité de l'homme par rapport aux autres créatures animales. D'innombrables types de raisons (esthétique, conversationnelle, commerciale, sportive, …) définiraient alors, ensemble, cette spécificité rationnelle de l'homme.

Face à ce qu'il estime être une impasse, Ryle propose alors dans ce texte de définir la spécificité de l'homme par la pensée. C'est *parce que* l'homme pense (à la fois comme capacité et comme actualité) qu'il est en mesure de prendre part aux activités qui lui sont spécifiques – une compétition sportive, raconter une plaisanterie, retenir son impatience, être honnête, être modeste... Le « parce que », ici, ne marque pas une relation causale : la pensée, pour Ryle, n'est pas un processus qui serait antérieur à ces activités, et qui les produirait en tant qu'effets. La conception adverbiale de la pensée qu'il défend interdit de séparer la pensée des comportements qui la manifestent[1]. La pensée, pour Ryle, ne se limite pas à la pensée réflexive ou intellectuelle : elle équivaut à toute forme d'intelligence (ou plutôt d'action intelligente), ce qui permet par exemple de dire qu'un joueur de tennis, en action, peut néanmoins penser. Sa pensée n'est pas séparée de son jeu, mais se manifeste dans la finesse, ou le caractère stratégique, coordonné, ou organisé de son jeu. La pensée du joueur de tennis peut aussi se déployer lorsqu'il cesse de jouer, s'assoit et commence à réfléchir à sa stratégie générale ou à ses prochaines vacances : cette pensée-là, réflexive, ne constitue pas le genre original de pensée, dont la pensée « engagée » serait l'effet dérivé. S'il convient de distinguer la pensée théorique de la pensée « engagée » pour ne pas réduire l'une à l'autre ou inversement, il n'est pourtant pas question d'en faire

---

1. Ainsi, pour Ryle, la pensée du *Penseur* de Rodin se situe également dans ses manières d'agir. Immobile, impassible, le Penseur peut se parler à lui-même, élaborer un raisonnement, résoudre une équation, réciter un poème, etc. : sa pensée n'est pas dans ces processus, mais dans la manière dont ces processus sont déployés et alors susceptibles de recevoir des descriptions « épaisses ». Ryle écrit notamment : « Les concepts d'"être pensif" et d'"avoir des pensées" n'expliquent pas, mais doivent être expliqués par la notion de "X-er intelligemment", où 'X' n'est pas un verbe de pensée » (*Collected Papers 2, op. cit.*, p. 471). Voir aussi L. Antoniol, *Lire Ryle aujourd'hui. Aux sources de la philosophie analytique*, Bruxelles-Paris, De Boeck, 1993, chap. 3.

deux genres séparés de pensée : il s'agit de deux espèces
au sein d'un même genre, la pensée, qui est une manière
d'agir (conception adverbiale). Il faut alors préciser les
relations de parenté et de proximité qu'elles entretiennent
entre elles. Ryle rencontre en fait un problème analogue
à celui des relations entre raison théorique et raison
pratique. C'est ici que commence l'extrait de texte choisi.

Une réponse possible à la question des relations
entre pensée « réflexive » ou « désengagée » et pensée
« engagée » consiste à soutenir que ces deux formes de
pensée se situent sur un *continuum* dont l'unique variable
est la complexité. La pensée réflexive constitue ainsi une
manifestation complexe de ce qui est déjà présent dans
l'action d'un sportif ou d'un enfant. Le problème de cette
réponse, c'est qu'elle peut inévitablement tendre à faire
de la pensée en action une forme élémentaire de pensée
réflexive, et risque donc de caractériser la première par
les propriétés de la seconde, comme par exemple les
dimensions symboliques et abstraites, et une certaine
autonomie par rapport à l'action. Ryle est donc clair : il ne
s'agit pas de rejeter cette réponse, mais de montrer qu'il
y a plus qu'une simple différence de complexité entre ces
deux formes de pensée, sans toutefois les séparer.

La suite du texte va nous fournir des éléments
permettant de comprendre la pertinence de ce choix,
en particulier pour aborder différemment la question
des relations entre raison théorique et raison pratique.
Ryle rappelle que ce qui précède cet extrait avait
principalement pour objet ce que nous appelons ici
« pensée engagée » : la pensée qui est un élément
constitutif de l'action, et qui donc ne la précède pas –
en tant que réflexion, planification ou simulation. Ryle
insiste alors sur une différence importante entre cette

pensée engagée et la pensée réflexive de l'intellectuel. La différence n'est pas que cette pensée réflexive serait, en tant que telle, une activité distincte et séparée de l'action, qu'elle produirait en tant que cause. La différence se situe plutôt dans le fait que la pensée engagée est une pensée qui est rarement au service d'une finalité cognitive (réalisation ou amélioration de capacités de pensée) ou épistémique (justification ou élaboration d'une connaissance). La pensée engagée est au service de l'activité accomplie, et plus précisément de la finalité recherchée : une action fluide, efficace ou judicieuse par exemple. La réalisation de cette finalité n'implique pas que la pensée elle-même ait été fluide, efficace ou judicieuse : ce serait là attribuer à un moyen de l'action des propriétés de l'action elle-même. Le joueur de tennis essaie de jouer (ou parvient à jouer) efficacement : il ne tente pas de penser efficacement. Lorsqu'on explique la piètre performance du joueur en faisant référence à un déficit de concentration, il s'agit d'un déficit de concentration dans le jeu : il avait « la tête ailleurs ».

Dans le cas de la pensée intellectuelle, la pensée de l'individu s'acquiert et s'exerce à partir de standards et de fins qui relèvent de la pensée elle-même, en tant qu'art ou en tant que pratique normée. C'est pour cela que cette pensée est auto-correctrice : ses normes de justesse et de correction relèvent du domaine de la pensée elle-même, incluant par exemple les principes de la logique, des exigences fondamentales de justification et de révision, mais aussi les valeurs propres à une communauté de recherche, fixant par exemple le degré de précision requis pour une assertion, ou le degré de clarté pour un raisonnement. Ces normes et principes sont rarement épuisés par les lois de la logique élémentaire : ils ressortent plutôt d'une discipline, de manières normées d'observer, de raisonner, de répondre à des questions (et de formuler ces questions).

Ryle a donc pour l'instant approfondi sa distinction originaire entre deux formes de pensée, la pensée engagée et la pensée intellectuelle. Chacune de ces formes de pensée s'accompagne d'une spécificité concernant l'origine et le statut des principes à partir desquels elle se déploie. La pensée intellectuelle est autonome, au sens littéral du terme : ses principes de fonctionnement et, surtout, ses valeurs, relèvent de son propre domaine. La pensée engagée est, quant à elle, au service d'une cause qui n'est pas cognitive, épistémique ou scientifique. Les principes qui permettent de juger de son succès, de son efficacité ou de sa pertinence sont relatifs à l'activité dans laquelle elle s'insère. Ryle va alors mettre en relation cet aspect de la distinction entre les deux formes de pensée avec la question du statut de la raison. Si la rationalité dont il est question lorsqu'on parle de l'homme comme « animal rationnel » est la rationalité théorique, on effectue une généralisation indue qui est semblable à la généralisation consistant à penser que toute forme de pensée est, consciemment ou non, une pensée intellectuelle, procédant logiquement à partir d'une manipulation de symboles et de propositions. Et il y a plus encore : la première généralisation – la raison théorique propre à l'homme – semble parfois dépendante de la seconde. Dans une forme de pensée – la pensée intellectuelle – la raison comme capacité à (se) justifier est essentielle. Il est facile de considérer que cette pensée est la seule forme possible de pensée – moyennant plus ou moins de complexité –, et donc que la raison théorique est également la seule forme possible de raison. Qu'on choisisse la raison ou la pensée pour définir la spécificité de l'homme est alors presque anecdotique : dans les deux cas, il s'agira d'une forme particulière de raison ou de pensée qu'on aura absolutisée. Comme le dit bien Ryle, le genre – la pensée, la raison – a été réduit à l'une de ses espèces : la particularité de cette espèce a été transformée en essentialité pour le genre. La conséquence de cette réduction est ce que Ryle appelle, dans d'autres textes, l'*intellectualisme*[1]. Pour l'intellectualisme, toute forme de pensée, d'intelligence, de savoir-faire, d'habileté (créativité, sens de l'humour...) ou de rationalité est nécessairement une pensée, une intelligence ou une rationalité propositionnelle, c'est-à-dire consistant en la possession, la considération, la manipulation et la transformation de propositions (comme des instructions). Cette pensée propositionnelle est antérieure à l'action, dont elle rend compte du caractère rationnel ou intelligent en tant qu'*effet*. L'action intelligente est toujours précédée par des opérations intellectuelles, tant dans sa description que dans l'explication de sa production.

La pensée ou l'intelligence ne peuvent pas intégralement consister en cela parce que comprendre une proposition est *déjà* une action intelligente, qui requerrait alors une autre proposition elle aussi à comprendre pour être effectuée, ou parce que bien souvent nous n'avons pas l'impression de considérer des propositions, qui ne pourraient alors être qu'un artefact du théoricien en fauteuil décrivant l'action engagée de

―――――

1. Voir en particulier G. Ryle, *The Concept of Mind*, op.cit., chap. II, et « Knowing how and knowing that », *in* G. Ryle, *Collected Papers*, vol. II, *op. cit.*

l'acteur. Face à une telle objection, l'intellectualiste trouvera parfaitement légitime d'invoquer l'existence d'une manipulation inconsciente et mécanique de propositions, manipulation effectuée automatiquement par des systèmes cognitifs élémentaires prenant place en nous. Mais comme nous l'avons vu plus haut, à partir du cadre de la psychologie des facultés, on rencontre alors un problème d'individuation de ces systèmes et un risque de sophisme méréologique.

Pour l'intellectualiste, faire des choses intelligemment ou « en pensant », c'est faire deux choses très différentes en même temps (mais pas au même endroit) : réfléchir/ penser, et se mouvoir. Lorsque nous utilisons des adverbes comme « intelligemment », « méthodiquement » ou « habilement » pour qualifier l'action du joueur de tennis, nous faisons alors référence à des actes spéciaux (« mentaux ») et internes, des actes de « pensée » ou de « réflexion »[1]. Pour la conception adverbiale de Ryle, la raison et la pensée existent de diverses manières, et sous diverses formes, mais ne transcendent jamais le comportement et les circonstances de son effectuation. La pensée intellectuelle n'est pas une activité spécifique : elle se manifeste à travers des manières (attention, vigilance, promptitude à débusquer des erreurs, à combler des lacunes dans ce qu'on sait ou croit)[2] de calculer, de lire, d'écrire ou d'observer qui possèdent certains lieux de prédilection (le bureau, l'amphithéâtre, le salon, le laboratoire, …)[3].

---

1. G. Ryle, « Knowing how and knowing that », *op. cit.*, p. 214.
2. G. Ryle, *On thinking*, *op. cit.*, p. 67.
3. *Ibid.*, p. 92.

Il n'y a ni continuité absolue ni rupture entre la pensée du joueur de tennis et la pensée du Penseur. Dans les deux cas, la pensée est une manière d'agir (elle n'est pas avant l'action), se déployant à partir d'une sensibilité à des normes et à des valeurs. Il n'y a donc pas de rupture. Mais pour faire de ces deux pensées deux espèces de pensée au sein d'un même genre (la pensée comme manière d'agir), Ryle a invoqué les types différents de rationalité à partir desquels chacune de ces pensées se déploie. La pensée du joueur de tennis se déploie à partir d'une rationalité qui est au service de l'effectuation de l'action. La rationalité de la pensée du Penseur est quant à elle déterminée par des fins, des normes ou des motifs extrinsèques à l'action en tant que telle. Cette rationalité est interne au concept de pensée qui caractérise un travail intellectuel. La différence n'est pas que les normes de la pensée « engagée » seraient des normes conditionnelles (dépendantes de buts, d'activités et de contextes particuliers), et que les normes du Penseur relèveraient de devoirs catégoriques et inconditionnels : les normes du Penseur sont également relatives à des objectifs et propres à des contextes, mais ce sont des objectifs *cognitifs* et des contextes *intellectuels*. Bien sûr, on peut retrouver dans les deux espèces de pensée le respect de normes de rationalité minimales et identiques : des normes logiques, par exemple. Mais elles sont insuffisantes pour déterminer un type de rationalité qui serait présente partout *et* qui définirait *la* rationalité de *la* pensée.

Les normes de la pensée

Intéressons-nous ici, pour conclure, aux *normes* de la pensée, et à ses éventuelles *lois*. Il existe tout d'abord des normes de la pensée au sens où il existe des principes dont le suivi nous permet de bien penser, ou de penser *en bonne et due* forme, de manière rigoureuse et exigeante (on peut parler de maximes ou de règles pour la direction de l'esprit). Par exemple, il est judicieux, en permanence, d'évaluer les raisons de croire et de ne pas croire les propositions qu'on nous soumet, avant d'y adhérer ou de les rejeter. Il est également opportun de réviser ses croyances (et leurs relations de cohérence) en fonction de nouvelles données obtenues à la suite d'inférences ou dans des circonstances perceptives nouvelles[1]. On peut aussi considérer que la clarté, la pertinence, la précision ou encore la recherche de vérité doivent être des principes régulateurs lorsque nous pensons. Ces normes ne sont ni des *obligations*, ni des normes morales. Leur respect ne garantit d'ailleurs en rien la production d'une pensée originale ou géniale ; il permet plus modestement de s'assurer que les pensées obtenues ne relèvent pas de l'obtention fortuite d'une information ou de l'association hasardeuse d'idées. Leur non-respect n'implique pas l'absence de pensée, *a fortiori* lorsque la pensée, comme attribut, est manifestée dans un comportement engagé dans une activité spécifique. Peut-on reprocher au joueur de tennis de ne pas avoir pris le temps d'évaluer les raisons de croire et de ne pas croire la proposition « La pluie va commencer à tomber » criée par un spectateur lors d'un

1. Pour la question des normes épistémiques, voir P. Engel, *Va savoir !*, Paris, Hermann, 2007, p. 219-223.

changement de côté ? Il n'en reste pas moins que, comme nous venons de le voir avec Ryle, certaines activités dites « intellectuelles » s'élaborent explicitement et centralement (voire constitutivement) autour de normes de pensée de ce type, qui peuvent devenir des obligations dans certains contextes (activités épistémiques propres à des professions ou à des institutions par exemple).

On peut ensuite parler de *lois de la pensée* : il s'agit des principes universels à partir desquels la pensée – instanciée dans le raisonnement, le calcul – se déploie ou devrait se déployer. On pense alors souvent aux lois élémentaires de la logique : le principe de non-contradiction, ou le principe de transitivité par exemple. Mais on peut considérer que les lois de la logique sont des lois de la pensée dans deux sens très différents : on peut estimer, avec des psychologistes du XIXe siècle comme Mill, Erdmann, ou Sigwart que les lois de la pensée sont les lois naturelles à partir desquelles nous pensons. Ces lois ne font qu'exprimer ou thématiser (pour les besoins de l'enseignement du raisonnement, par exemple) des régularités psychiques. Pour l'anti-psychologisme de Frege ou de Husserl, les lois logiques ne sont pas factuelles ; leur validité ressort d'idéalités. À la différence des lois de la nature, nous pouvons enfreindre ces lois de la pensée. Mais si un agent enfreignait trop souvent ces lois dans ses raisonnements, nous aurions de bonnes raisons de refuser de voir la présence de la pensée dans son comportement. C'est là une différence importante entre ces « lois de la pensée » et les normes de raisonnement évoquées plus haut. On peut penser tout en pensant *mal* (dépendamment de certains idéaux et de certaines normes), même si pour penser, il convient de respecter certaines *lois*.

Évoquons enfin le cas de la normativité sémantique :
il s'agit ici des normes d'usage qui constituent la signification des termes lexicaux et conceptuels. Ces normes
d'usage peuvent être des normes inférentielles. Les
normes inférentielles (comme par exemple « si X est un
chat, alors X est un mammifère ») définissent les rôles et
les relations inférentielles des concepts, et *donc* – selon
l'inférentialisme – le sens de ces concepts. Ces normes
n'expriment pas des obligations ; elles définissent plutôt
ce qu'il est permis et ce qu'il n'est pas permis de faire
lorsque nous utilisons des concepts. D'un agent qui
mobiliserait le concept de chat tout en étant incapable
d'effectuer des inférences correctes à partir de ce concept,
nous dirions probablement qu'il ne maîtriserait pas ce
concept [1]. Dans ce sens, si les épisodes de pensée sont des
épisodes conceptuels, leur production et leur possession
nécessitent le respect de ces normes inférentielles.
À la différence des lois logiques et peut-être comme
les normes de raisonnement, ces normes inférentielles
trouvent leur origine dans des pratiques sociales. À
la différence des normes de raisonnement et peut-être
comme les lois logiques, le respect de ces normes
sémantiques est constitutif de la possession de pensée(s).

Mais comme mentionné à plusieurs reprises dans
ce texte, on aurait tort de restreindre le conceptuel au
linguistique, et donc les normes conceptuelles à des
normes linguistiques. Ces normes inférentielles sont
déjà présentes lorsqu'un agent déploie un comportement
en référence à un ordre, des principes ou des règles, et
qu'il est donc en mesure de corriger ou de réviser ce

---

1. Voir G. Evans, *The Varieties of Reference*, Oxford University
Press, 1982, 4. 3.

comportement (ou, encore mieux, le comportement d'autrui) en référence à ces idéaux. Cette sensibilité normative constitue un critère de choix pour la reconnaissance de la pensée comme attribut, comme forme d'action, ou comme ensemble d'épisodes conceptuels. Cela signifie-t-il que les normes alimentaires ou les normes techniques, par exemple, sont des normes de la pensée ? Non, mais elles contribuent à constituer le milieu à partir duquel des capacités et des formes de pensée dans l'action peuvent se déployer, et donc être reconnues et attribuées.

TABLE DES MATIÈRES

TEXTES ET COMMENTAIRES

Dépôt légal : novembre 2017
Imprimé en novembre 2017 sur les presses de l'imprimerie « La Source d'Or »
63039 CLERMONT-FERRAND - Imprimeur n° 19862K